Renate Holland-Moritz
Ossis, rettet die Bundesrepublik!

Renate Holland-Moritz

Ossis, rettet die Bundesrepublik!

Mit Illustrationen
von Manfred Bofinger

Karl Dietz Verlag Berlin

Die Autorin dankt der Stiftung Kulturfonds
für die Unterstützung ihrer Arbeit.
Dank auch an Lothar Kusche
für die freundliche Genehmigung
zum Abdruck seines Interviewparts in
»Wohin flossen die Millionen?
Die geheimen Reichtümer
des Schriftstellerverbandes«.

Holland-Moritz, Renate : Ossis rettet die Bundesrepublik! /
Renate Holland-Moritz. – 6. Aufl. Berlin :
Karl Dietz Verl. GmbH, 2000. – 158 S. :
27 Illustr. v. Manfred Bofinger

ISBN 3-320-01827-2

Mit 27 Illustrationen von Manfred Bofinger

6. Auflage 2000
© Dietz Verlag GmbH, Berlin 1993
Einbandillustration: Manfred Bofinger
Gestaltung: Brigitte Banchmann
Satz: Tastomat GmbH, Eggersdorf
Druck und Bindearbeit: Wiener Verlag GmbH
Printed in Austria

Inhalt

Die Urgroßmutter
als geheime Verschlußsache **7**

Mein 17. Juni
und die literarischen Folgen **15**

Stasi-Kontakt mit Happy-End **21**

Kantinenklatsch bei C & A **31**

Zwiebelmuster **37**

Disneyland an der Pleiße oder
die Rettung der ostelbischen Kultur **41**

Ablaßhandel in Seilschaftskreisen **47**

Gedenkblatt zum 1. Jahrestag
der Kohlonisierung **53**

Hypochonder aller Länder,
vereinigt euch **59**

Die Stasischweinerei geht weiter **63**

Ossis, rettet die Bundesrepublik! **67**

JFK – STONE-washed **71**

Wie ich wider Willen zum VEB wurde **77**

Das Subversive am DDR-Schlager **83**

Brieföffner **87**

Wohin flossen die Millionen? **91**

Ist es nun zwölf Uhr mittags
oder schon fünf nach zwölf? **95**

Der Aussteiger **99**

Kunden-Dienst **105**

Streß im Wandel der Zeiten **111**

Reisen bildet **117**

Der Zweck heiligt die Mittel **123**

Das Trauma **131**

Verkaufsgespräche **137**

Die schwatzhaften Sachsen **143**

Künstlerpech **147**

Die Heilung einer Süchtigen **153**

Die Urgroßmutter
als geheime Verschlußsache

Es ist ein geheimnisvolles Ding um das Bewahren von Geheimnissen. Manch einer ist dazu außerstande. Er müßte schier ersticken, bräche er nicht wenigstens einer vertrauten Seele gegenüber sein heilig gelobtes Stillschweigen.

So entstand der Klatsch, und so hält er sich immerdar am Leben.

Ich weiß, wovon ich rede. Gerade, weil ich oft besser die Klappe gehalten hätte. Aber das ließ meine mitteilungssüchtige Natur nicht zu. Bei mir war der Bruch des Siegels der Verschwiegenheit gewissermaßen mit dem Garantiesiegel versehen. Das machte mich für Geheimdienste so gänzlich unbrauchbar und für Bekannte und Freunde so überaus nützlich. Mir erzählte man nur, was nach schneller Verbreitung dringend verlangte.

Im mittleren Erwachsenenalter etwa strengte ich einen erbarmungslosen Selbsterziehungsprozeß gegen mich an. Ich programmierte mein Hirn auf den Schlüsselsatz: Das darfst du keinesfalls weitererzählen. Sobald er gefallen war, rutschten die Informationen ins Unterbewußtsein. Manche sind erst Jahre nach dem Tod der Informanten wieder hochgekommen, die meisten habe ich vergessen.

Vielleicht entdecke ich sie dermaleinst im Speicher meines Langzeitgedächtnisses. Das kann, wie die folgende Geschichte beweist, zu verblüffenden Aufschlüssen führen.

Früher hieß das südthüringische Territorium, auf dem meine Verwandten mit dem angestammten Doppelnamen seit Jahrhunderten siedeln, »das grüne Herz Deutschlands«. Später wurde es von offenbar neidischen Flachländlern »die kleine, zänkische Gebirgsrepublik Suhl« genannt. Dortselbst, in dem idyllischen Kleinstädtchen Steinbach-Hallenberg, starb Ende 1987 mein Onkel Wilhelm Holland-Moritz, ein älterer Bruder meines Vaters, hoch betagt und als glücklicher Mann.

In seinem letzten Sommer war etwas geschehen, das er für eine äußerst befriedigende Schlußpointe seines Lebens ansah: Onkel Wilhelm hatte »mit an Sicherheit grenzender Wahrscheinlichkeit«, wie er vorsichtig, aber keineswegs überzeugt einräumte, seinen wahren Urgroßvater ermittelt. Es handelt sich um den bekanntesten Bestsellerautor des 19. Jahrhunderts, Victor von Scheffel, dessen Roman »Ekkehard« zwischen 1855 und 1943 mehr als 300 Auflagen erfuhr. Seine Lieder »Altheidelberg, du feine«, und »Wohlauf, die Luft geht frisch und rein« dürften zumindest den älteren Semestern noch aus dem Musikunterricht geläufig sein. Ganz gewiß aber haben die Refrainzeilen aus dem »Trompeter von Säckingen« die Zeiten überdauert: »Behüt dich Gott, es wär so schön gewesen, behüt dich Gott, es hat nicht sollen sein...«

Mein zitatenfreudiger Onkel Wilhelm bediente sich der geflügelten Worte, als er sich am Ende eines Verwandtenbesuchs von seinem Vetter Fritz Heß verabschiedete. Und da fiel dem plötzlich ein, daß er vor grauen Zeiten das ganze Gedicht schon einmal in der Urschrift gelesen habe.

Anno 1910 müsse es gewesen sein. Beim Kramen in einer alten Lade auf dem elterlichen Dachboden sei ihm ein vergilbtes Papier in die Hände gekommen, und darauf habe in verschnörkelter Schönschrift folgendes gestanden:

Es ist im Leben häßlich eingerichtet,
daß bei den Rosen gleich die Dornen stehn.
Und was das arme Herz auch sehnt und dichtet,
zum Schlusse kommt das Auseinandergehn.
In deinen Augen hab ich einst gelesen,
es blitzte drin von Lieb und Glück ein Schein.
Behüt dich Gott, es wär so schön gewesen,
behüt dich Gott, es hat nicht sollen sein.

Leid, Neid und Haß, auch ich hab sie empfunden,
ein sturmgeprüfter, müder Wandersmann.
Ich suchte Frieden dann in stillen Stunden.
Da führte mich der Weg zu dir hinan.
In deinen Armen wollt ich ganz genesen,
zum Danke dir mein junges Leben weihn.
Behüt dich Gott, es wär so schön gewesen,
behüt dich Gott, es hat nicht sollen sein.

Die Wolken ziehn, der Wind saust durch die Blätter,
ein Regenschauer zieht durch Wald und Feld.
Zum Abschiednehmen just das rechte Wetter,
grau wie der Himmel steht vor mir die Welt.
Doch wend' es sich zum Guten oder Bösen,
du liebes Herz, in Treue denk ich dein.
Behüt dich Gott, es wär so schön gewesen,
behüt dich Gott, es hat nicht sollen sein.

Unter den Versen sei von gleicher Hand vermerkt worden: Ade meiner liebsten Christel im Sommer 1853. V. S.

Da der kleine Fritz Heß nicht im entferntesten ahnte, welcher V. S. da welcher Christel auf so poetische Weise den Laufpaß gegeben hatte, fragte er seine Mutter. Diese – meine Großtante Minna Heß – reagierte so spontan wie christlich-sozial: Sie verpaßte ihrem Sohn eine schallende Ohrfeige, entriß ihm das Dokument und erklärte die V. S.-Angelegenheit zur strenggeheimen Verschlußsache. Das fassungslose Kind erfuhr lediglich, daß Öffentlichkeit und Obrigkeit (sprich: Kirche) niemals Kenntnis von dem peinlichen Aktenfund erhalten dürften. Nichts Geringeres als die Ehre und damit die gesellschaftliche Weiterexistenz der Familie stünden auf dem Spiel, würde je ruchbar, daß Minnas Großmutter Christiane in ihren jungen Jahren den gegen pfäffische Moral und Philisterdünkel streitenden, 1876 geadelten Dichter Victor Scheffel aufs innigste kontaktiert habe.

Der Knabe Fritz war zwar zu Gottesfurcht und striktem Gehorsam erzogen, konnte aber seine genetisch bedingte Neugier nicht völlig unterdrücken. Also observierte er in aller Stille und mit detektivischem Geschick die Vergangenheit seiner Urgroßmutter Christiane Happich, verwitwete Diller, geborene König.

Sie soll sehr hübsch gewesen sein, intelligenter als ihre Brüder und von aufsässigem Charakter. Erste Emanzipationsbestrebungen wurden deutlich, als es sie nicht mehr befriedigte, der Mutter im kinderreichen Haushalt und auf den steinigen Äckern zur Hand zu gehen. Christiane wollte die Familie lieber mit selbständig verdientem Geld unterstützen.

Die Möglichkeiten dazu waren in der Mitte des vorigen Jahrhunderts, zumal für ein rechtloses Mädchen, denkbar gering. Außer der Kleineisenmanufaktur florierte allein das ambulante Gewerbe in dem verkehrstechnisch noch unerschlossenen Gebiet. Als frühe Marktforscherin verlegte sich Christiane auf den Handel mit einem unentbehrlichen, also krisenfesten Produkt: Salz. Man nannte sie die Salz-Christel.

Am Königsweg, der zum Rennsteig führt, kampierten vom Frühling bis zum Herbst die Holzfäller mit ihren Gespannen. Hier sah Christel Expansionsmöglichkeiten für das kleine, buchstäblich auf ihren Schultern ruhende Geschäft. Mehrmals wöchentlich buckelte sie in einer Holzkiepe Nahrungsmittel für die Holzfäller in den Roßgarten, der infolge orthographischer Fehlüberlieferung inzwischen Rosengarten heißt.

Den Waldarbeitern gefiel nicht nur die prompte Belieferung, sondern auch die hübsche Lieferantin. Alle machten ihr den Hof, es sollen sogar ernstzunehmende Heiratskandidaten darunter gewesen sein. Aber die anspruchsvolle Christel blieb unnahbar. Bis eines Tages ein Wanderer jenes Weges kam, der ein Jahrhundert später von einem Thüringer namens Herbert Roth folkloristisch vermarktet wurde.

Der 27jährige Rennsteigbezwinger Victor Scheffel, Sohn eines badischen Offiziers, aufmüpfiger Burschenschafter, Sympathisant der politischen Ideale des Vormärz und Doktor der Jurisprudenz, hatte gerade sein Rechtspraktikum in Säckingen abgeschlossen. Nun brauchte er Erholung. Er fand sie auf den Oberhofer Höhen und in den Armen der süßen Salz-Christel.

Die Folgen waren nach wenigen Wonnemonaten absehbar. Doch falls sich Christel in der Hoffnung wiegte, der künftige Kindesvater werde sie durch ein erlösendes Ja-Wort vor der öffentlichen Schande und dem Kirchen-Pranger bewahren, so hatte sie sein Licht über den Scheffel gestellt. Der verschwendete nämlich keinen Gedanken ans Heiraten. Angeblich, weil er katholisch, Christel aber lutherisch war. In Wahrheit hatte der manische Wandergeselle längst attraktive Studienreisen nach Italien und Südfrankreich geplant. Also stieß der Trompeter von Säckingen großmächtig ins lyrische Horn und verabschiedete sich von der lästigen Liebsten unter Zurücklassung bewußten Poems. Woran man sieht, daß Weltliteratur auch aus purer Schofligkeit entstehen kann.

Meine gescheite Ururgroßmutter verkraftete nicht nur den Schicksalsschlag, sie verstand es auch, der Kirche ein Schnippchen zu schlagen. Unter all ihren Verehrern im Roßgarten erhörte sie ausgerechnet einen kleinen, buckligen Handlanger, schleppte ihn bei Nacht und Nebel in ihrer Kiepe nach Hause und ließ sich von einem befreundeten Pfarrer nottrauen.

Auf bösartiges Gerede gab sie so wenig wie ihr überglücklicher, herzlich naiver Mann, dem sie zum Lohn das kräftige Siebenmonatskind Luise gebar. Auch Gott war offenbar mit der resoluten Selbstretterin im Bunde, weshalb er ihren schiechen Ehemann schon bald zu sich abberief. Christel heiratete danach den ansehnlichen, gebildeten Lehrer Happich und beschloß ihre Tage als geachtete Frau.

Fast 80 Jahre waren vergangen, ehe dem nunmehr alten Fritz Heß das wohlgehütete Geheimnis wieder in den Sinn gekommen war. Als mir mein Onkel Wilhelm kurz vor seinem Tod davon erzählte, schlug er vor, ich möge in dem heute noch erhaltenen Elternhaus meiner Großtante Minna Heß nach dem verschollenen Scheffel-Unikat suchen.

Der Gedanke hatte, zum Verdruß meines Onkels, kaum einen Reiz für mich. Wer forschte im Jahre 1987 schon nach irgendwelchem Beweismaterial? Unter dem neuen Aspekt langanhaltender wirtschaftlicher Frostperioden auf dem Territorium der ehemaligen DDR nimmt sich die Sache nun allerdings anders aus.

Einem Gebot von Sotheby's, dem berühmten Londoner Auktionshaus, sehe ich jedenfalls nicht ohne Interesse entgegen.

1990

Mein 17. Juni
und die literarischen Folgen

Irgendeiner dieser farblosen schwarzen Politiker ließ die staunende Noch-DDR-Öffentlichkeit des Jahres 1990 wissen, er habe sich seit dem 17. Juni 1953 – da war er gerade dreizehn – in innerem Widerstand gegen das herrschende SED-Regime befunden. Gottlob war es ihm gelungen, den Tatbestand so konspirativ zu behandeln, daß nie eine Menschenseele von seinem zur Faust geballten Innenleben erfuhr.

Ähnlich heldenhaft habe ich mich leider nicht betragen. Meine Einwände gegen eine antifaschistische, den Sozialismus anvisierende Gesellschaftsordnung waren allerdings auch nicht derart gravierend. Genau genommen beschränkten sie sich auf dogmatische Auswüchse und so lächerliche Behauptungen, Ringelsocken, Schuhe mit Kreppsohlen und Jazz seien die Insignien der Dekadenz und gäben Zeugnis vom verfaulenden, demnächst untergehenden Kapitalismus.

Um zu beweisen, wie gut sich westliche Mode und Musik mit östlicher Weltanschauung vertrugen, marschierte ich auf den Kreppsohlen der Firma Leiser zur Maidemonstration, trug die FDJ-Bluse zu dreiviertellangen, hautengen Hosen aus dem Hause Leineweber und ließ mich während des sogenannten Selbststudiums der marxistischen Klassiker von den Klängen des amerikanischen Soldatensenders AFN berieseln. Das hatte gar manche Aussprache mit anschließender Strafaktion zur Folge, deren angenehmste war, daß ich nie mit einer Funktion im Jugendverband betraut wurde.

1953 arbeitete ich, gerade 18 Jahre alt geworden, als Volontärin einer unsäglich langweiligen Wochenzeitschrift namens »Friedenspost«. Die Redaktion befand sich in der 6. Etage des Zentralvorstandes der Gesellschaft für Deutsch-Sowjetische Freundschaft auf dem Berliner Thälmannplatz. Hier teilte ich das Zimmer mit meiner Kollegin Hilde Linden, die später unter dem Pseudonym Hiltrud Lind vielgelesene Kinderbücher schrieb.

An einem schönen sonnigen Junitag sah Hilde aus dem Fenster auf die Wilhelmstraße und fragte mich: »Kannst du mir sagen, vor welcher Demonstration wir uns heute wieder mal gedrückt haben?«

Ich konnte es nicht, überzeugte mich aber davon, daß sich ein langer, vornehmlich aus Bauarbeitern bestehender Zug in Richtung Haus der Ministerien bewegte. Der Thälmannplatz war von erregten, teilweise wild gestikulierenden Menschen besetzt. Hilde bekam es mit der Angst zu tun, ich hingegen war nur neugierig. Deshalb beschloß ich, mich der geheimnisvollen Veranstaltung beizugesellen, um ihr auf den Grund zu kommen.

Vor dem Haus, in unmittelbarer Nähe des U-Bahn-Einganges, geriet ich in einen Kreis wütend diskutierender Männer. Als sie mich sahen, verstummten sie. Dann allerdings war ich einem Schwall wüster Beschimpfungen und Drohungen ausgesetzt, die sich nur in der Rüdigkeit von denen meiner empörten FDJ-Funktionäre unterschieden.

Wie diese nahmen die Demonstranten Anstoß an meinem Outfit. Aber nicht die eindeutig westliche

Herkunft meines Kord-Lumberjacks störte sie, sondern die an der linken Jackenseite zweireihig befestigten Blechsymbole. Da prangte neben dem FDJ-Abzeichen das des Komsomol, eingetauscht beim organisierten und streng bewachten Freundschaftstreffen mit Sowjetsoldaten. Ferner erglänzten die Anstecker der Gesellschaft für Deutsch-Sowjetische Freundschaft, der Gesellschaft für Sport und Technik, des Deutschen Turn- und Sportbundes sowie in der Reihenfolge des persönlichen Erwerbs die Abzeichen »Für gutes Wissen« in Bronze, Silber und Gold.

»Runter mit det Lametta«, brüllten die staatsverdrossenen Aufrührer. Ich weigerte mich standhaft, beharrte gar auf meinem demokratischen Recht, mich mit allem zu schmücken, was nicht Krieg oder Nazismus verherrliche.

Das war Öl aufs Feuer. Wenn ich provozieren wolle, könne man auch anders. Ein Männerarm erhob sich schlagfertig. Doch noch ehe mir die Arbeiterfaust an die Wäsche konnte, wurde der Kreis um mich von einem energischen kleinen Mann zerteilt. Mit befehlsgewohnter Stimme fragte er, ob man sich nicht schäme, seinen Zorn an Unschuldigen abzureagieren, sein Mütchen gar an halben Kindern zu kühlen. Gehorsam traten die Leute einen Schritt zurück, so daß dem kleinen Mann Gelegenheit wurde, mich mit festem Griff aus der Gefahrenzone zu ziehen.

»Räum deinen Klempnerladen ab«, schnauzte er mich an. Und ich, die ich eben noch bereit gewesen war, der vermeintlichen Konterrevolution zu trotzen, tat wie geheißen. Dann fragte der Mann noch, wo ich arbeite und wer mein Chef sei, und stieß mich schließlich unsanft durch die Tür meines Redaktionshauses.

Der Lift war wieder einmal kaputt, und ich mußte die sechs Etagen zu Fuß erklimmen. Auf dem Gang kam mir mein Chefredakteur Rudi Wetzel in heller Aufregung entgegen. Er hatte gerade eine telefonische Abreibung erfahren wegen »Vernachlässigung der Aufsichtspflicht gegenüber einer jugendlichen Spinnerin«. Der Anrufer war niemand anders als mein kleiner Retter. Er hieß *Wilhelm Girnus* und befehligte die Abteilung Kultur in der Redaktion des SED-Zentralorgans »Neues Deutschland«.

Da ich Girnus nur dieses eine Mal getroffen habe, weiß ich auch nicht, ob er an jenem denkwürdigen 17. Juni 1953 noch eine weitere schicksalhafte Begegnung mit einem jungen Mädchen auf dem Thälmannplatz hatte. Sollte das nicht der Fall gewesen sein, so hat das Erlebnis mit mir eine äußerst seltsame Metamorphose in seinem Gedächtnis durchgemacht.

In seinem autobiographischen Buch »Aus den Papieren des Germain Tawordschus« (erschienen 1982 im Hinstorff Verlag Rostock) schrieb Wilhelm Girnus:

»Germain ging zum U-Bahn-Eingang. Dort stand ein Mädchen, etwa fünfzehn Jahre alt, im blauen Hemd der Freien Deutschen Jugend, blickte auf die zerstörten U-Bahn-Schilder und weinte.

Germain trat an sie heran, legte seinen Arm um sie und blickte ihr in die verweinten Augen. Zum ersten Mal seit vielen, vielen Jahren empfand er Mitleid mit einem deutschen Menschen, einem zarten, leidenden Wesen, das nicht um den Tod von Vater und Mutter weinte, nicht um einen verlorenen Geliebten, sondern darum, daß etwas vernichtet wurde, was sie als das ihrige empfand, weil sie es selbst mitgeschaffen hatte.

Germain wußte natürlich, warum sie weinte, aber er wollte es aus ihrem Munde hören, er kannte, wie wohl es tat, von seinem Schmerz zu einem anderen zu sprechen. Er hatte sie in diesem Augenblick wirklich gern, er drückte sie an sich und fragte: ›Warum weinst du?‹ Schluchzend sagte sie: ›Da haben wir jahrelang aufgebaut, und jetzt kommen die und machen alles wieder kaputt.‹ Ein Strom von Tränen und Schluchzen brach aus ihr hervor, und gebrochen lehnte sie sich an Germain.«

Im nämlichen Jahr 1953 schrieb Wilhelm Girnus, später Professor für Literaturtheorie und langjähriger Chefredakteur der Literaturzeitschrift »Sinn und Form«, seine Doktorarbeit. Sie trug den Titel: »Goethe, der größte Realist der deutschen Sprache.«

Ob Girnus auch seiner heimlichen Ahnfrau Hedwig Courths-Mahler würdigend gedachte, ist nicht überliefert.

1990

Infolge ihrer eklatanten Überflüssigkeit wurde die »Friedenspost«, Zentralorgan der Gesellschaft für Deutsch-Sowjetische Freundschaft, im Herbst 1953 des sozialistischen Blätterwaldes verwiesen. Ich konnte meine journalistische Ausbildung in der »BZ am Abend« fortsetzen, die sich selbstbewußt als das »Herzblatt des Berliners« offerierte. Mir allerdings beschwerte es allmorgendlich das Herz, denn ich schaffte es fast nie, pünktlich um 6.30 Uhr (sonnabends und montags gar um 5.30 Uhr) in der Redaktion einzutreffen.

Eines griesegrauen Wintermorgens im Jahre 1954 hatte ich mich wieder einmal erheblich verspätet und hoffte inständig, der Allmächtige möge mich ungesehen an meinen Schreibtisch gelangen lassen. Doch schon auf dem ersten Treppenabsatz erwartete mich das Strafgericht in Person unseres Chefredakteurs *Ernst Hansch*. Er war totenbleich, zitterte am ganzen Leib und fragte mit tonloser Stimme: »Was haben Sie getan?«

»Verschlafen«, gestand ich kleinlaut, »aber es soll nie wieder vorkommen.«

»Lenken Sie nicht ab«, unterbrach er mich schroff, »sagen Sie frei heraus, was Sie wieder angestellt haben. Wenn, wie so oft, Ihre Kodderschnauze mit Ihnen durchgegangen ist, kann ich mich vielleicht für Sie verwenden.«

Nun verstand ich überhaupt nichts mehr. »Wovon reden Sie eigentlich?«

»Wovon ich rede?« Ernst Hansch kiekste wie ein hysterischer Countertenor. »Ich rede davon, daß Sie zum Ministerium für Staatssicherheit bestellt sind. Der Genosse *Ernst Wollweber* will Sie sprechen, und zwar sofort!«

Mir fiel eine Zentnerlast vom Herzen. Also kein Trouble mit meinem Chef! Der Chef der Staatssicherheit interessierte mich überhaupt nicht. Seine Klientel bestand doch wohl vorrangig aus Diversanten und Umstürzlern, und nichts dergleichen traf auf mich zu.

»Bin schon auf dem Wege«, sagte ich munter, »wo residiert denn seine Heiligkeit?«

»Um Gottes Willen, Kindchen«, flüsterte Ernst Hansch, »nehmen Sie das nicht auf die leichte Schulter. Auf jeden Fall erstatten Sie mir sofort nach Ihrer Rückkehr Bericht. *Falls* Sie zurückkommen«, fügte er noch leiser hinzu.

Auf dem kurzen Weg vom Berliner Verlag in der Otto-Nuschke-Straße bis zum Ministerium für Staatssicherheit in der Glinkastraße bemächtigte sich meiner doch eine gewisse Nervosität. Konnte es sein, daß mich irgend jemand wegen Verbreitung des einen oder anderen politischen Witzes denunziert hatte? Und wenn schon, dachte ich trotzig. Wegen solcher Delikte hatte man sich in der Nazizeit zu fürchten gehabt. Daß auch die Opfer der Nazis in der gleichen Weise reagieren würden, hielt ich für üble feindliche Nachrede.

Am Portal wurde ich von einem Wachtposten im Empfang genommen und in barschem Ton an den nächsten weitergereicht. Die Prozedur wiederholte sich noch einigemal, bis ich endlich einen riesigen

Raum betreten durfte. Am Horizont machte ich einen ebenfalls riesigen Schreibtisch aus, hinter dem ein unscheinbares Männchen thronte: Ernst Wollweber.

Etwa zwei Meter entfernt von ihm hockte auf einem Stuhl ein in sich zusammengerutschtes Menschenbündel. Als sich unsere Blicke trafen, erkannte ich den Mann. Ich wollte spontan auf ihn zugehen, aber Wollweber befahl mit schneidender Stimme: »Stehenbleiben!«

Ich verstand nicht, warum ich den Besetzer des Armsünderstuhls nicht wenigstens begrüßen durfte. Er hieß Günter Hoffmann, wohnte in Strausberg und war ein Freund eines mir befreundeten Kollegen. Vor zwei Tagen waren wir bei ihm und seiner Frau Karin zu Gast gewesen. Die mir bis dato unbekannten Hoffmanns hatten auch mich herzlich aufgenommen.

Es wurde ein ausgesprochen angenehmer Abend. Wir schwatzten über Gott und die Welt und zogen feixend prominente Politiker und Künstler durch den Kakao. Da die Hoffmanns regelmäßige Leser der »BZ am Abend« waren, interessierten sie sich besonders für die Art meiner Tätigkeit.

Ich berichtete, daß ich – genau wie die anderen Volontäre und Assistenten der Lokalredaktion – mit einer ebenso langweiligen wie unnützen Arbeit betraut sei. In den damals noch gar nicht existierenden Mauern unserer Stadt wurde das Außenministertreffen der alliierten Siegermächte vorbereitet, und wir sollten die Bürger befragen, was sie sich von dieser historischen Viererkonferenz versprächen.

Es war nicht das erstemal, daß wir die Volksmundpropaganda erforschen mußten, und es war nicht das letztemal, daß wir es auf die für uns am wenigsten peinliche Weise taten. Indem wir nämlich in der Redaktion blieben und uns die höheren Orts gewünschten positiven Lesermeinungen samt Namen und Adressen einfach ausdachten.

»Was haltet ihr eigentlich von der Konferenz?« fragte ich unsere Gastgeber. »Meint ihr, da kommt wirklich etwas Vernünftiges für die Deutschen heraus?«

»Glaub ich nicht«, sagte Günter Hoffmann, »sie wird vermutlich ausgehen wie all diese Treffen, nämlich wie das Hornberger Schießen.«

Die Formulierung gefiel mir, und ich beschloß, endlich einmal eine echte, noch dazu kritische Leserstimme ins Blatt zu bringen. Am nächsten Morgen tippte ich den Satz vom Hornberger Schießen, und ab mittags um 12 Uhr konnten sich die Leser vom Skeptizismus irgendeines Günter Hoffmann aus Strausberg überzeugen.

Minister Wollweber hielt ein Exemplar der »BZ am Abend« in der rechten Hand. Mit der Linken zeigte er auf das vor ihm sitzende Häufchen Unglück und fragte mich in inquisitorischem Ton: »Kennen Sie diesen Mann?«

Ich war zwar ein reichlich naiver Teenager, hatte aber doch genügend Krimis gelesen, um zu wissen, daß man sich nicht in allzu offenkundige Widersprüche verwickeln dürfe. Wollweber mußte bemerkt haben, daß ich Günter Hoffmann kannte, seine Frage war also rein rhetorischer Natur.

»Ich habe Herrn Hoffmann und seine Frau vorgestern kennengelernt«, antwortete ich wahrheitsgemäß, »er ist ein Freund meines derzeitigen Freundes. Was hat er denn gemacht?«

Wollweber lief dunkelrot an. »Hier stelle ich die Fragen«, donnerte er. »Also, worüber haben Sie gesprochen?«

Ich sah zu Günter Hoffmann und glaubte, in seinen glanzlosen Augen ein flehentliches Blinzeln zu bemerken. »Über alles Mögliche und nichts Besonderes«, sagte ich leichthin. »In erster Linie habe ich mich mit Frau Hoffmann unterhalten. Sie ist ein Handarbeitsgenie und will mir aus Wollresten einen Pullover stricken. Außerdem...«

Wollweber fiel mir gereizt ins Wort. »Ich präzisiere: Haben Sie mit Hoffmann über die Berliner Viererkonferenz gesprochen?«

»Aber nein«, sagte ich mit Nachdruck. »Gleich am Anfang des Abends hatte sich Frau Hoffmann nämlich ausgebeten, daß die Themenbereiche Politik und Arbeit ausgespart werden sollten. Ich fand das, ehrlich gesagt, ein bißchen kleinbürgerlich.«

Wollweber drosch mit einem Lineal auf die »BZ am Abend« ein. »Und wie kam es dann zu dieser Veröffentlichung?«

Ich tat, als bemerke ich das Corpus delicti erst jetzt. »Ach das meinen Sie«, sagte ich mit gespielter Betretenheit, »das ist nun wirklich ein bißchen peinlich. Natürlich kann ich Ihnen alles erklären, aber Sie müßten mir versprechen, die Angelegenheit unbedingt vertraulich zu behandeln. Kann ich mich auf Ihre Verschwiegenheit verlassen?«

Die oberste Sicherheitsnadel wurde ganz spitz im Gesicht. Doch dem fälligen Wutausbruch kam ich zuvor, indem ich detailliert über die Plage des kampagneartigen Stimmensammelns berichtete. Ich verriet Wollweber sogar, daß es durchaus nicht ungefährlich sei, Bürger zu politischen Ereignissen zu befragen. Nicht selten bekäme man anstelle einer Antwort Ohrfeigen angeboten. Bekanntermaßen gehöre es doch aber nicht zu den Aufgaben der sozialistischen Presse, den Unmut des Volkes öffentlich zu machen.

Also seien wir dazu übergegangen, den Fragen gleich die politisch richtigen Antworten beizufügen.

»Leider«, fuhr ich fort, »ist da das Problem mit den Namen. Sie sollen nicht zu gewöhnlich sein. Müller, Meier, Schulze und Lehmann nimmt mir mein Ressortleiter *Klaus Poche* schon seit Tagen nicht mehr ab. Absonderlich oder gar lächerlich dürfen sie aber auch nicht sein. Allein aus diesem Grunde konnte eine äußerst positive Meinungsäußerung eines gewissen Gustav Niedergesäß aus Oberschöneweide nicht erscheinen.«

»Schluß mit dem Blödsinn«, brüllte Wollweber, kalt vor Wut. »Ich will auf der Stelle wissen, ob diese defätistische Bemerkung über die Viererkonferenz von unserem Genossen Hoffmann stammt!«

Erst jetzt wurde mir klar, daß Günter Hoffmann auch zur Firma gehörte. Diese Erkenntnis berührte mich irgendwie seltsam, denn unter einem »Kundschafter« hatte ich mir immer etwas Heldenhaftes, vielleicht Dämonisches, auf jeden Fall Geheimnisvolleres als diesen netten Mann vorgestellt.

»Natürlich nicht«, wehrte ich entschieden ab, »wir haben ja überhaupt nicht über die Viererkonferenz gesprochen. Es verhielt sich nur so, daß mein Chef Klaus Poche auch einmal eine kritische Stimme abdrucken wollte, der Ausgewogenheit halber. Als ich den Auftrag ausgeführt hatte, stand ich wieder vor dem Namenproblem. Und da muß mir das mit Günter Hoffmann, Strausberg, einfach unterlaufen sein. Weil die Adresse so schön allgemein und doch nicht fiktiv war. Wenn ich allerdings geahnt hätte, daß ich Herrn Hoffmann damit in Schwierigkeiten bringe...«

»Sie behaupten also«, resümierte Wollweber, »sich den Satz selbst ausgedacht und den Namen

Hoffmann mißbräuchlich benutzt zu haben. Ist das so?«

Ich nickte heftig. Wollweber sah mich lange und durchdringend an. Offenbar wurde er sich nicht klar darüber, ob er es hier mit blanker Dreistigkeit oder mit echter jugendlicher Naivität zu tun hatte. Schließlich forderte er mich in scharfem Ton zum Gehen auf.

Ich stand noch einen Moment unschlüssig in dem kahlen Raum herum und versuchte, mit Günter Hoffmann einen Blick zu wechseln. Aber er stierte verbissen auf seine Schuhspitzen.

»Sie sollen gehen«, raunzte Wollweber.

Wenig später umarmte mich Chefredakteur Ernst Hansch wie den verloren geglaubten Sohn, zeigte sich nach meiner Berichterstattung aber keineswegs beruhigt. Noch tagelang wagte er sich kaum aus seinem Zimmer, immer in Erwartung des gefürchteten Anrufs. Der kam übrigens nie.

Im Frühjahr 1984 war ich von den Mitarbeitern der Studiotechnik zu einer Lesung ins Café des DDR-Fernsehens eingeladen worden. Dem literarischen Horsd'œuvre folgte ein mittleres Gelage, das als sogenanntes geselliges Beisammensein ebenfalls aus dem Kultur- und Sozialfonds des Betriebes finanziert wurde. Ich saß mit einigen Studiotechnikern am Tisch und gab bereitwillig Auskunft über Möglichkeiten und Grenzen der Satire unter gerontokratischen Zensurbedingungen.

Ein Mann im besten Vorruhestandsalter bat Platz nehmen zu dürfen und drückte mir ein Glas Sekt in die Hand. »Was sagst du nun?« fragte er strahlend.

»Danke«, antwortete ich verwirrt, denn ich hatte nicht die Spur einer Ahnung, wer der edle Spender sein könnte.

»Zugegeben, es ist lange her«, räumte er ein, »aber meine Adresse lautet noch immer: Günter Hoffmann, Strausberg.«

Ich erlitt fast einen Schock. In all den Jahren hatte ich die Erinnerung an meinen einzigen Direktkontakt mit der Stasi zu verdrängen versucht. Doch das Bild des gebrochenen Mannes vor dem Schreibtisch des damals ranghöchsten Schnüfflers (Ernst Wollweber wurde 1958 zusammen mit Karl Schirdewan wegen »Fraktionsbildung« entmachtet und aus dem Zentralkomitee ausgeschlossen) verlor sich nie ganz aus meinem Gedächtnis.

Immer wieder belastete mich der Gedanke, einem Menschen aus Unüberlegtheit Schaden zugefügt zu haben. Dann wieder beruhigte ich mein Gewissen mit der Harmlosigkeit des Tatbestandes. Wenn dieser Günter Hoffmann Zweifel in die Effektivität der Viererkonferenz gesetzt hatte, so war das sein verbrieftes Grundrecht, nachzulesen in der Verfassung der DDR. Daß diese für die amtlich bestallten Schützer des Staates nur wertloses Papier darstellte, lag im Zynismus des Sicherheitssystems begründet.

Nun aber saß mir der einst so jämmerlich Gedemütigte lächelnd gegenüber und erzählte mir seine Geschichte.

Günter Hoffmann war das Kind ermordeter Antifaschisten. Nach 1945 ersetzte ihm die Partei die Familie, und als sie beschloß, ihn im Bereich der Staatssicherheit als Nachrichteningenieur ausbilden zu lassen, wäre er nie auf die Idee gekommen, Widerspruch einzulegen. Doch spätestens seit den Ereignissen vom 17. Juni 1953 fühlte er sich nicht mehr in Übereinstimmung mit den politischen Idealen seiner Eltern und empfand seine Tätigkeit mehr und mehr als drückende Last. Allerdings sah er nicht die geringste Chance, aus der Verpflichtung entlassen zu werden, ohne sich der Republikflucht schuldig zu machen. Das aber stand für ihn nicht zur Debatte.

Als Günter Hoffmann nach seinem unfreiwilligen Leserbrief von Minister Wollweber hochnotpeinlich in die Zange genommen wurde, bestritt er zwar nicht, mich zu kennen, leugnete aber die Urheberschaft an der kritischen Bemerkung in der »BZ am Abend«. Mein Erscheinen vor dem Allerhöchsten machte seine vage Hoffnung auf einen glücklichen Ausgang der Sache endgültig zunichte. Natürlich war er überzeugt davon, Wollweber würde mich einschüchtern und so die Wahrheit ans Licht befördern.

Allein meine grenzenlose Naivität und der mir innewohnende Spieltrieb retteten Günter Hoffmann. Selbstverständlich wurde er fristlos aus dem Staatssicherheitsdienst entlassen, doch mangels Beweises immerhin in Ehren. Das erschloß ihm im Jahre 1954 die unschätzbare Möglichkeit einer bürgerlichen Existenz.

Ob Günter Hoffmann allerdings nach fast vierzigjähriger Stasi-Abstinenz mit der Absolution des gottesfürchtigen Hexenjägers Gauck rechnen kann, darf bezweifelt werden.

1991

Als sie noch gemeinsam Drehbücher für die satirische Kurzfilmreihe »Das Stacheltier« sowie für abendfüllende Komödien und Krimis schrieben, wurden die ursächsischen »Weltbühne«-Autoren *Lothar Creutz* und *Carl Andrießen* in Fachkreisen unter dem Firmennamen C & A geführt. Bekannt für gute Stoffe und deren gute Verarbeitung, standen die beiden bei der DEFA hoch im Kurs. Aber es bedurfte eines strengen Zuchtmeisters, um die fanatischen Biervernichter vom Tresen an den Schreibtisch zu befördern.

Dieser eine war Regisseur *Richard Groschopp*. Wenn eine C & A-Idee bis zur Szenariumsreife gediehen war, entließ er die unsicheren Kantonisten nicht etwa in die schriftstellerische Freiheit, er bestand vielmehr auf einem von ihm persönlich überwachten achtstündigen Arbeitstag.

Der begann allmorgendlich um neun im Kleinmachnower Haus von Lothar Creutz. Das war für alle sehr bequem, denn Nachbar Groschopp hatte nur den Weg über die Straße, und Andrießen, der zeit seines Lebens als möblierter Herr zur Untermiete wohnte, logierte sowieso am liebsten bei seinem Freund. Dessen Frau Hertha vermochte es ihrerseits als einzige, den spindeldürren Carl zur regelmäßigen Einnahme fester Nahrung zu bewegen. Das lag sowohl an ihrer respektheischenden, keinen Widerspruch duldenden Persönlichkeit als auch an ihrer phantastischen Kochkunst.

Das Teamwork ging immer auf die gleiche Weise vonstatten: Während Creutz an der Schreibmaschine saß, Andrießen auf der Couch lag und Groschopp im Zimmer auf und ab ging, wurde jeweils eine Szene bis ins Detail besprochen. Kamen Formulierungsvorschläge von Creutz, wurden sie von Andrießen korrigiert. Und umgekehrt. Doch erst, wenn Groschopp die Sache für optimal hielt, griff Creutz tippend in die Tasten.

Waren C & A dank konzentrierter Arbeit und totaler Alkoholabstinenz die Woche über gut vorangekommen, beendete Richard Groschopp die Klausur bereits am frühen Freitagnachmittag. Sobald er dann die Haustür hinter sich geschlossen hatte, hüpfte Andrießen wie Rumpelstilzchen durchs Zimmer, piekte mit den Zeigefingern rhythmisch in die Luft und sang aus voller Kehle: »Jetzt kommen die lustigen Tage...«

Eines sehr traurigen Tages im Dezember 1966 saßen Lothar Kusche und ich mit unseren Freunden Creutz und Andrießen in der großen Halle des Krematoriums Berlin-Baumschulenweg, um *Hans Leonard,* dem Chefredakteur der »Weltbühne«, die letzte Ehre zu erweisen. Die Worte des Gedenkens wurden von *Peter Edel* gesprochen. Eloquent würdigte er die Arbeit des Mannes, der das humanistische Erbe seines Vorgängers Carl von Ossietzky angetreten und treu bewahrt hatte. Tilman Riemenschreiber, wie Peter Edel im Kollegenkreis genannt wurde, ließ kein Detail aus Hans Leonards verdienstvollem Wirken unerwähnt.

»Dr äänzsche, däm das ni zu lang gewääsn wär, wär unser diggr Hans gewääsn«, raunte mir Lothar

Creutz mit schwerer Zunge zu. Er hatte schon einige Schlucke auf das Wohl seines seligen Chefs getrunken und war nun rechtschaffen müde. Als Peter Edel etwa das zwölfte Blatt seines »ganz kurzen« – wie er vorher versprochen hatte – Redemanuskripts umblätterte, sank Creutz in tiefen Schlaf.

Der Redner hob vor allem die tätige menschliche Güte des Verblichenen hervor. Besonders in den Nachkriegsjahren, als die Berliner hungerten und froren, hatte Hans Leonard seinen Mitarbeitern geholfen, wo er nur konnte. In wahrhaft zu Herzen gehendem Predigerton berichtete Peter Edel von einschlägigen Erlebnissen aus dem bitterkalten Winter 1947. »Wir kamen in die Redaktion in der Pankower Florastraße und lieferten ab, was wir mit heißen Herzen und klammen Fingern für das BLÄTTCHEN geschrieben hatten. Und wenn wir dann wieder nach Hause gingen, kam es schon vor, daß sich unsere schäbigen, abgewetzten Aktentaschen plötzlich schwerer anfühlten. Was war geschehen? Hans Leonard hatte heimlich zwei bis drei Preßkohlen hineingesteckt, damit uns bei der Arbeit ein bißchen wärmer sei.«

Während des letzten Satzes war Lothar Creutz aus irgendeinem Grunde erwacht. Benommen blickte er um sich und grunzte mit unangemessener Lautstärke in die totenstille Trauerhalle: »Ich dängge, mir begrohm heide dän Hans Leonard, un nu gähts offemal um ürschendän Goolenhändlr!«

Der brillante Feuilletonist, Essayist, Literatur- und Theaterkritiker Carl Andrießen darf als Erfinder des Spruches gelten: »Das bißchen Essen könnte man eigentlich auch noch trinken.«

Als Redakteur der Humor- und Satire-Zeitschrift »Frischer Wind« (Vorläufer des »Eulenspiegel«)

hatte er sich immerhin eine Speisekammer eingerichtet. Sie befand sich im Hohlraum des Doppelfensters und enthielt einen Brühwürfel, eine Fischbüchse und keinen Büchsenöffner. Carls Essenszeremonie reduzierte sich folglich darauf, daß er gelegentlich an dem Brühwürfel leckte und einen Schluck Wasser nachtrank.

Die ungesunde Lebensweise sorgte nicht nur für permanentes Untergewicht, sondern auch für ein hartnäckiges Magenleiden. Speziell in den achtziger Jahren mußte er sich deshalb oft und lange in Krankenhausbetten verfügen. Da seine Freunde vermuteten, die Klinikkost werde sich nicht unbedingt appetitanregend auswirken, versorgten sie Carl reichlich mit dem wenigen, das er überhaupt als Nahrung akzeptierte: Instantsüppchen, Pudding und Früchtejoghurt.

Als ich derlei wieder einmal in seinem Nachttisch verstauen wollte, sah ich, daß alle Liebesgaben vom vorherigen Besuchstag noch unangebrochen vorhanden waren. »Hast du denn gar nichts gegessen?« fragte ich entsetzt.

Schuldbewußt und in seinem schönsten Mittweidaer Sächsisch antwortete Carl: »Das ni diräggd, awwr ich hab schone baarmal im Gochbuch gebläddrd!«

Meinen fünfzigsten Geburtstag feierte ich mit mehr als hundert guten Freunden und Bekannten in der wunderschönen Künstlerkneipe »Offenbach-Stuben« im Berliner Stadtbezirk Prenzlauer Berg. Carl Andrießen war des Lobes voll über die liebenswürdige Bedienung und die Qualität des Bieres. Ich hatte ihn schon mehrmals in den Raum gelotst, in dem ein Kaltes Büffet mit erlesenen Delikatessen aufgebaut war.

Carl zeigte sich zwar enthusiasmiert, rührte aber keinen Bissen an. »So was Scheenes gammr garni frässn, das muß mr foddegrafiern«, behauptete er.

Im nächstfolgenden Raum, normalerweise das Büro des Wirts, durften die Geschenke abgelegt werden. Andrießen stand dabei, als ich eine Pappschachtel mit einer höchst originellen Puppe darin – ein Geschenk der Dokumentarfilm-Regisseurin *Gitta Nikkel* – unter dem Gabentisch verstaute.

Als wenig später die Grafikerin *Giggi Ruth Mossner* in Begleitung ihres neugeborenen Sohnes Maximilian Markus Wolf Moses Mossner eintraf, war Carl schon wieder in froher Runde mit der Dezimierung der Biervorräte beschäftigt. Irgendwann stillte Giggi Mossner ihr Baby, legte es in eine Tragetasche und stellte diese neben die Puppenschachtel. Um die Nachtruhe des Kindes nicht zu stören, ließen wir in dem Geschenkzimmer nur ein kleines Lämpchen brennen.

Bei Freund Carl gingen mittlerweile schon einige Lämpchen aus. Ich befahl ihm, sich augenblicklich ans Kalte Büffet zu verfügen und seinem malträtierten Magen abwechselungshalber etwas Eßbares anzubieten.

Carl torkelte auch brav in die richtige Richtung, erwischte aber offenbar die falsche Tür. Kurz darauf kam er schreckensbleich zurück und flüsterte mir ins Ohr: »Nu isses bassiert, scheddz bin ich im Dällirschum. Die Bubbe von där Gidda Niggel hat sich bewächd!«

1990

Zwiebelmuster

Willi *Schwabe,* der vielgeliebte Rumpelkammerherr des DDR-Fernsehens, war lange Jahre mein Nachbar. Da wir uns beide aus Gründen der Arterhaltung nicht an Autolenkrädern vergriffen, trafen wir einander gelegentlich auf dem S-Bahnhof Berlin-Altglienicke und fuhren dann gemeinsam in die Stadt.

Ende der sechziger Jahre erzählte ich ihm während einer solchen Kurzreise, daß mein damaliger Mann *Lothar Kusche* zu einer Lesung nach Westberlin eingeladen sei, sich dort aber trotzdem auf DDR-Territorium aufhalten werde. Schwabe fand das keineswegs kurios, war er doch selbst schon in jenem Klubhaus aufgetreten, das dem einzigen volkseigenen Betrieb in Westberlin gehörte: der Deutschen Reichsbahn.

Ganz in der Nähe dieses Klubs wohnte die große Brecht-Schauspielerin und Kabarettistin *Annemarie Hase,* Willi Schwabes beste Freundin. Die liebenswürdige alte Dame habe ihn gerade wissen lassen, daß sie zwecks Verschönerung des Schwabeschen Gartens eine Tüte holländischer Blumenzwiebeln zur Abholung bereithalte. Wenn mein Mann diese kleine Mühe auf sich nehmen wolle, wäre das geradezu über die Maßen nett von ihm.

Kusche war und ist ein netter Mann und scheut aus Freundlichkeit auch größere Mühen nicht. Was ihm

Annemarie Hase da in die Hand drückte, hatte nämlich eher die Ausmaße und das Gewicht eines mittleren Kartoffelsacks. Zu allem Überfluß standen Blumenzwiebeln auf der Zoll-Verbotsliste. Das erfuhren wir aber erst später, denn die Zöllner konnten schließlich nicht jeden filzen.

Bevor Willi Schwabe mit dem Fahrrad angesaust kam, um sein Schmuggelgut abzuholen, entnahm Kusche jeder im Sack enthaltenen Tüte zwei bis drei Zwiebeln, die einmal Tulpen, Narzissen und Hyazinthen werden wollten. Ich schrie wegen des ruchlosen Diebstahls Zeter und Mordio, aber Kusche bestand darauf, für die gefahrvolle Plackerei angemessen entlohnt zu werden. An eine freiwillige Spende konnte er nicht glauben, denn Willi Schwabe galt als ein wenig geizig.

Nicht zu Unrecht, wie sich zeigte. Aber nachdem unser Gast wieder zu Hause eingetroffen war, rief Frau Schwabe an. »Hat der alte Knickstiebel wirklich nichts abgegeben?« erkundigte sie sich empört. »Zur Strafe schicke ich ihn gleich noch einmal los, damit er sich bei Ihnen ehrlich machen kann.« Mein verlegener Protest nützte nichts, und kurze Zeit später hielt ich ein mittleres Bonbontütchen mit etwa einem Dutzend Blumenzwiebeln in den Händen.

Im nächsten Frühjahr wirkte unser Vorgarten wie eine Ausstellungsfläche der Erfurter IGA. Nicht selten blieben Passanten bewundernd davor stehen. Eines Sonntagvormittags hörten wir durchs geöffnete Wohnzimmerfenster eine bekannte Stimme. »Nun sieh dir das an, Willi«, sagte die Spaziergängerin zu ihrem Mann, »welch unglaubliche Blütenpracht. Und das alles aus einer einzigen Handvoll Zwiebeln!«

1993

Disneyland an der Pleiße
oder
die Rettung
der ostelbischen Kultur

An einem der fiesesten letzten Novemberabende des Jahres 1990 wurde Leipzig vorübergehend zur Hauptstadt von Disneyland. Bambi, das muntere Rehlein, hatte zum Sammeln geblasen, und zweitausend ehemaligen Rotkehlchen entrang sich ein Jubelschrei, als sei ihnen der leibhaftige Messias erschienen.

Doch das Kitz aus der Trickkiste des Hollywood-Märchenonkels ist nur eine Trophäe. Gewissermaßen ein Nationalpreis nach Gutsherrenart. Deshalb wird er auch nicht von irgendwelchen obskuren Kulturpäpsten verliehen, sondern vom Medien-Mogul Dr. Hubert Burda.

Der verweist stolz auf sein stretchartiges Qualitätsspektrum, das von High bis Low reiche. Die Zeitschriften mit dem hohen Anspruch, wenn es sie denn im Hause Burda gibt, haben mit der Bambi-Bambule nichts zu tun. Das ist so illustren Gewächsen aus dem gelben Blätterwald vorbehalten wie »Bunte«, »Bild und Funk«, »Freizeitrevue« und vor allem »Super ILLU«, dem Herzblatt für ostdeutsche Vollidioten. Low heißt übrigens nichts anderes als: minderwertig, ordinär, geschmacklos, gemein.

Die kulturelle Großtat bestand darin, den von dieser Art Printmedien nominierten Laureaten das zweipfündige Spielzeug nicht irgendwo im feinen Wessiland auszuhändigen, sondern im braunkohlschwarzen Leipzig. Würden sich die Heldenstädter der Ehre auch würdig erweisen? Wäre es nicht denkbar, daß jene, die noch vor einem Jahr das Volk waren und dann wunschgemäß ein Volk wurden, angesichts wachsender Arbeitslosigkeit mit Volkszorn auf eine Glitzerinvasion aus dem Westen reagieren würden?

Die Sorgen von Landesvater Biedenkopf, Heldenvater Masur und Verlagschef Burda erwiesen sich als gegenstandslos. Wie in alten Zeiten ließen sich die Leipziger hinter Sicherheitsabsperrungen drängen. Diszipliniert, aber beseligt applaudierten sie den wahren Tribunen, welche ihnen die friedliche Revolution endlich zum Greifen nahe gebracht hatten: Willy Millowitsch, Marika Rökk, Mike Krüger, Karl Moik und all die vielen anderen Repräsentanten und -onkel deutschen Kulturgutes.

Die da den hundert gemieteten V.I.P.-Schaukeln der Firma Mercedes entstiegen, genossen das Bad in der Menge. Letztere verharrte geduldig in Regen und Kälte, skandierte Losungen wie »Supper, supper« und »Dodal geil«, während die gesalbten Promis auf rotem Teppich ins Innere der Leipziger Oper entschwebten.

Hier war die tausendköpfig geladene, wenn auch nicht vollzählig erschienene Creme de la Creme endlich unter sich. Renommierte Schnapsfirmen verteilten Tröpfchen, Ferrero Küßchen, und Schicki busselte Micki immer gerade dann, wenn eine Kamera Schußbereitschaft signalisierte. Vertreter des Gossenjournals »Super ILLU« fahndeten verbissen nach alten Highlights aus den neuen Bundesländern. Zu entdecken waren lediglich die Maler Tübke, Heisig und Mattheuer und im Regal für Sonderangebote die Fernseh-Heroen Hans-Georg Ponesky und Achim Mentzel.

Dann gings los. Leipzigs Opernintendant Prof. Udo Zimmermann lobte, daß »der international anerkannte Medienpreis Bambi Zeichen setze zur Erneuerung der deutschen Kultur«. Paola und Kurt Felix, die als Bonbonniere verkleidete Heidi Kabel und andere hochkarätige Kulturträger nickten einverständig. Dr. Hubert Burda berief sich gar auf den Leipziger Maler Max Beckmann (1884–1950), der gesagt habe, er müsse »den strahlenden Glanz der Dinge malen«. Und genau so etwas sei der Bambi.

Unmittelbar nach gewandhäuslicher »Meistersinger«-Ouvertüre unter dem Dirigat Prof. Kurt Masurs wurde dem Entertainer Harald Juhnke Gelegenheit, ausführlich über seine medien-kulturelle Karriere als Schluckspecht zu referieren. Danach gings ans Übergeben.

Gunther Emmerlich, von den Lesern der »Super ILLU« als bester Moderator des Deutschen Fernsehfunks erkoren, bedankte sich für den Bambi auch namens der Kollegen, die seine erfolgreiche Unterhaltungssendung »Showkolade« drei Jahre lang »beglitten« hätten. Manfred Krug, den der Schauspieler-Bambi ereilte, glitt ebenfalls empfindlich aus. Zu den Klängen der Gershwin-Oper »Porgy and Bess« versuchte er sich neben Weltstars wie Simon Estes und Marion Vernette Moore noch einmal an der Partie des Sporting Life. Leider in Abwesenheit seiner einst beträchtlichen Stimme.

Zum Höhepunkt des Abends geriet der Auftritt von Hans-Dietrich Genscher. Den lautstarken stehenden Ovationen gebot er nach gebührendem Weilchen Einhalt: »Meine Damen und Herren, ich bin wirklich nur der Pate!« Nanu, dachte da so manch einer, ein Mafia-Boß im Außenministerium? Und er gibt es auch noch zu? Aber es ging wohl mehr um den

Ehren-Bambi, sein Patengeschenk an Kurt Masur. Der bestand schließlich mit tränenerstickter Stimme darauf, das Rehlein sei allumfassender Dank an die tapferen Leipziger Oktober-Demonstranten. Wenn die das damals geahnt hätten!

Bevor das von 16 gesamtdeutschen Meisterköchen angerichtete Diner Sachsens neuem Glanz die gloriose Krönung verlieh, brachte das Gewandhaus-Orchester Deutschlands wahrhaft unsterbliche Söhne Beethoven und Schiller zu Gehör.

Aber an diesem Abend klang es verdammt wie »Freude, schöne Götterspeise«.

1990

Ablaßhandel in Seilschaftskreisen

Seit dem Frühjahr 1991 stehen Angestellte der Bundesanstalt für Arbeit und Mitarbeiter der Personalabteilungen des öffentlichen Dienstes sowie abzuwickelnder Betriebe und Einrichtungen vor dem Phänomen, nach sogenannten Anhörungen über ein wachsendes Heer ehemaliger »Widerstandskämpfer« befinden zu müssen.

Immer häufiger behaupten frühere SED-Mitglieder, daß sie für defätistisches Verhalten von der staatstragenden Partei gerügt oder gar aus derselben ausgeschlossen worden seien. Sie belegen dies mittels parteiamtlicher Schreiben ehemaliger SED-Kreisleitungen, versehen mit Stempeln und Unterschriften erster bis dritter Sekretäre.

Obwohl bereits leise Zweifel an der Echtheit der Dokumente aufkamen, sahen sich die durchweg unterbesetzten Dienststellen bisher außerstande, dies beweiskräftig zu untersetzen. So blieb zwar der Verdacht im Raume stehen, die ganze Sache sei ein großangelegter Coup der PDS, durfte aber aus Gründen konsequent praktizierter Demokratie und Rechtsstaatlichkeit selbstverständlich nicht ins Kalkül gezogen werden.

Die Sache ließ mir und einigen wachsamen Gaucklern von der Bündnisfront keine Ruhe. War es nicht an der Zeit, endlich auch einmal etwas für unsere Befreier von Vollbeschäftigung und Ausbildungszwang, von Schleuderpreismieten und öffentlichen Billigtransporten zu tun? Hatten sie uns dafür in ihre Bananenrepublik geholt, daß wir auch fortan wie die heiligen Affen nichts sahen, nichts hörten und nichts sagten?

Es bedurfte keiner weiteren Handlungsbedarfsforschung, um uns zu aktivieren. Spontan begannen wir mit der operativ-informellen Recherche und können nun voll Stolz verkünden: Wir haben den größten Fälscher-Skandal seit den Kujauschen Hitlertagebüchern aufgedeckt!

Nach anfänglichen Ausflüchten gestand der Vorruheständler und Hobbygrafiker Johann Tetzel (58) aus Leipzig-Schkeuditz, »alleiniger Urheber und Vertreiber« der angeblichen SED-Zertifikate zu sein. Voll wachsender Sorge habe er beobachtet, wie viele seiner alten Genossen ins soziale Aus gerieten, ohne auch nur im mindesten von ihrer immer mehr verarmenden Nachfolgepartei PDS geschützt zu werden. Da sei ihm beim Schmökern in der Familienchronik die rettende Idee gekommen.

Sein gleichnamiger Ahnherr, der Dominikanermönch Johann Tetzel, habe im 16. Jahrhundert auf deutschem Boden einen schwunghaften Handel mit Ablaßbriefen betrieben, zum Nutzen der päpstlichen wie der weltlichen Obrigkeit. Für ein Salär von einem halben bis zu 25 Gulden konnte sich jeglicher Gläubige von seinen größeren und kleineren läßlichen Sünden loskaufen, folglich unter Umgehung des Fegefeuers doch noch in den Himmel gelangen. Die Geschäftserlöse habe sein redlicher Vorfahr an den Papst und an seinen zuständigen Erzbischof Albrecht von Brandenburg abgeführt, auf daß diese den ihnen dienstgradmäßig zustehenden Himmel bereits auf Erden genössen.

Beim Lesen des »Beichtspiegels« für das Ablaßwesen war unserem Gesprächspartner erstmals die Parallelität christlicher und sozialistischer Sündtätigkeit aufgefallen. Vieles aus der Rubrik »Größere läßliche Sünden« (z. B. Fluchen, Versäumen der sonntäglichen Messe, Arbeiten an Feiertagen, Unbotmäßigkeit gegen Vorgesetzte, Unkeuschheit) konnte er, leicht modifiziert, in seinen Ablaßbriefsteller übernehmen. In Tetzels Preiskatalog sieht das so aus:

1. Fluchen auf die Parteiführung
   a) öffentlich und global   je   1 500,00 DM
   b) öffentlich und konkret auf
      Honecker, Mielke, Mittag   je   1 000,00 DM
      Herrmann, Schabowski
      Krenz   500,00 DM
      Krolikowski, Kleiber   je   50,00 DM
      Dohlus (Sonderangebot)   4,99 DM
2. Häufiges Schwänzen von
   Parteiversammlungen   300,00 DM
3. Ständige Verweigerung der
   Teilnahme am Subbotnik   200,00 DM
4. Gelegentliche Aufmüpfigkeit
   gegenüber dem Parteisekretär   100,00 DM
5. Fremdgang mit der Ehefrau
   oder Geliebten eines Partei-
   funktionärs   75,00 DM

»Kleinere läßliche Sünden« (z. B. Lachen in der Kirche, hämische Klatschsucht und schmunzelndes Wohlgefallen an Zoten) übertrug Tetzel wie folgt:

1. destruktives Lachen während
   der Parteiversammlung   50,00 DM
2. Enthüllungen von Alkohol- und
   Sexualexzessen der Funktionäre   50,00 DM

Allerdings, räumte Johann Tetzel ein, seien diese Art Partei-Abmahnungen schon zu Ladenhütern geworden, die er wohl bald aus dem Sortiment nehmen werde. Hochkonjunktur habe aber immer noch sein Angebot von – selbstverständlich auch gefälschten – notariell beglaubigten Parteiausschlüssen. Auch wenn diese ganz schön ins Geld gingen. So kostet beispielsweise ein Ausschlußdokument von

1953	(wg. Kritik an der Niederschlagung des Aufstandes vom 17. Juni)	20 000,00 DM
1956	(wg. Zustimmung zu Chruschtschows Geheimrede auf dem XX. Parteitag der KPdSU über Stalins Greuel)	15 000,00 DM
1961	(wg. Ablehnung des Mauerbaus)	20 000,00 DM
1968	(wg. Protestes gegen die Niederschlagung des Prager Frühlings)	20 000,00 DM
1985	(wg. Sympathiebekundung für Glasnost und Perestroika)	10 000,00 DM

Spätere Austrittserklärungen aus SED und PDS seien individuell gestaffelt und durch die Bank preiswerter, weil weniger wirkungsvoll. Nicht ohne Stolz fügte Tetzel hinzu, daß er speziell für Genossen aus dem Land Brandenburg ein Schnäppchen (nur 5 000,00 DM!) bereithalte: Das amtsärztlich beglaubigte Attest, der Eintritt in die PDS sei Folge eines Tremors gewesen. Gemeint war eigentlich die SPD.

Auf unsere Frage, ob er seine kommerziell betriebene Urkundenfälscherei nicht als zutiefst verabscheuungswürdig und kriminell erachte, reagierte Johann Tetzel verständnislos. Erstens bereichere er sich nicht persönlich, sondern überweise jede eingenommene Mark auf ein Konto des PDS-Vorstandes, dessen Nummer er von einer Familie Kaufmann aus Chemnitz erfahren habe. Und zweitens fühle er sich ständig von der Bundesregierung zu Risikobereitschaft, Flexibilität und Unternehmergeist aufgerufen. Schließlich und letztens vermöge er überhaupt nicht einzusehen, warum die Fortführung christlich-sozialer Traditionen, auf denen dieses unser Land doch nachweisbar beruhe, plötzlich kriminell sein solle.

Da die Gruppe der gemaßregelten ehemaligen SED-Mitglieder seit dem November des Jahres 1989 zur Massenbewegung gewachsen ist, erwägt Johann Tetzel die Gründung einer VVER (Vereinigung der Verfolgten des eigenen Regimes).

1991

Gedenkblatt zum 1. Jahrestag der
KOHLONISIERUNG

Zugegeben, am Beginn meiner Laufbahn als BRD-Azubi hatte ich ein paar Verständigungsschwierigkeiten. Ich verstand zum Beispiel nicht einmal die »Anleitung zur Jahreserklärung für Steuern der steuerbegünstigt freiberuflich Tätigen zur Erklärung zur Feststellung des verbleibenden Verlustabzugs im Beitrittsgebiet«. Dabei erwies sich die Angelegenheit als völlig unkompliziert. Ich engagierte einfach einen in dieser Fremdsprache geübten Westberliner Steuerberater und bin seither aller Sorgen sowie der von ihm geforderten Honorarsummen ledig.

Längst aber habe ich begriffen, wieviel wertvoller unser Leben seit dem Einzug der hilfreichen Wessis geworden ist. Betrachten wir nur einmal das, was der Altstalinist Friedrich Engels in Übereinstimmung mit den DDR-Architekten die »kleinste Zelle der Gesellschaft« nannte: die Familie. Jetzt endlich ist sie größer und schöner als je zuvor.

Betagte Menschen verlassen in hellen Scharen die Seniorenheime, um ihren Lebensabend in engster Gemeinschaft mit Kindern, Schwiegerkindern und Enkeln zu genießen. Natürlich entstand dieser positive Trend zur Großfamilie nicht im Selbstlauf, sondern durch behutsame Anwendung des guten alten ökonomischen Hebels. Daß die Heimkosten von ursprünglich 120, später 360 Mark bei unverändert berückenden Wohn- und Servicebedingungen ab Juli 1991 auf 1 800 und ab Januar 1992 auf 2 500 Mark stiegen, hat selbstredend ausschließlich erzieherische Motive.

Wunderbarerweise treibt es aber nicht nur die Alten zurück an den häuslichen Herd, es hält auch die Jungen dort fest. Jede Mutter, die wie ich zur Glukkenhaftigkeit neigt, weiß um den gramvollen Abnabelungsprozeß von den flügge werdenden Kindern. Dank der Bonner Mietpreispolitik ist uns ausgiebige, wenn nicht dauerhafte Tuchfühlung mit unseren erwachsenen Söhnen und Töchtern garantiert. Und sollte das klassische Dichterwort vom Raum in der kleinsten Hütte nicht auf jede Wohnung zutreffen, so eröffnen sich neue Auswege. Schließlich erfuhren wir aus dem ersten Mietbescheid, daß unsere Balkone beheizt sind.

Wer je DDR-Schulen besuchte, ob als Schüler, Lehrer oder versammlungsdelegiertes Elternteil, hat jener blauhaarigen Unterstufenlehrerin im Ministerrang für immer ein Herzkämmerlein reserviert. Möglichst stabil vergittert. Bei ihr war keiner zu dumm, um sitzenzubleiben, und kein Geistesriese förderungswürdig, wenn er sich nicht brav und angepaßt verhielt. Aufmüpfigen Genies wurde deutlich gezeigt, wo Hammer und Sichel hingen. Jedenfalls nicht in den Erweiterten Oberschulen, die zum Abitur führten.

Heute kann jeder Steppke zwanglos entscheiden, ob er von der Gesamtschule ins Gymnasium überwechselt beziehungsweise von diesem in die Hauptschule retiriert. Und dabei erfüllt sich auch noch ein alter Kindertraum: Niemand muß sich mehr mit Schulbüchern abschleppen, und keiner muß alles wissen. Zum Beispiel, wer eigentlich diese Typen Marx und Engels oder Liebknecht und Luxemburg waren. Hauptsache er weiß, wo Gott wohnt.

Vielleicht mußmaßen unsere Befreier nicht einmal, von wievielen Zwängen sie uns beiläufig befreit haben. Unter anderem von der Zwangsvorstellung, jede interessante belletristische Neuerscheinung lesen und jede wichtige Theaterinszenierung sehen zu müssen, um kulturell up to date zu sein. Wer sich jetzt noch derart abstruse und vor allem teure Neigungen leistet, erweckt leicht den Verdacht, er habe keinen Sinn für die wirklichen Werte der Zivilisation.

Auch dem Zwang zur Kritik können wir endlich entraten. Ich ahne nur dumpf, was einem Werktätigen passiert wäre, hätte er in Gegenwart dritter irgend etwas Positives über irgendeinen Vorgesetzten gesagt. Nunmehr kann jeder Arbeitnehmer seinen Chef, so er noch einen hat, gefahrlos loben. Andernfalls hat er ihn sowieso nicht mehr lange.

Unendlich vieles hat sich für die ehemaligen DDR-Bürger deutlich verbessert. Beispielsweise leben wir gesünder als früher, indem wir Entfernungen weit über den Kurzstreckentarif hinaus wandernd bewältigen. Und immer größer wird die Zahl der Naturfreunde, die sich überhaupt nicht mehr mit der Begrenztheit von vier Wänden abfinden. Sie bewegen sich ausschließlich im Freien und studieren ohne Numerus-Clausus-Einschränkung das pulsierende Leben in Bahnhofshallen.

Geradezu unschätzbar aber ist die Vehemenz, mit der die Bundesregierung unserer verschmutzten Umwelt zu Hilfe eilt. Wo einst Qualm aus Fabrikschloten die Luft verpestete und Industrieabwässer die Flüsse verunreinigten, herrscht die blanke Idylle. Die Natur beginnt sich spürbar zu erholen, und viele, viele Menschen haben ganztags Zeit, diese Wunder zu beobachten. Fürwahr ein Breuel-Märchen.

Wir haben wirklich Glück, von den original deutschen Brüdern und Schwestern zu erfahren, worin echte Lebensqualität besteht. Sollte man in der einen oder anderen Amtsstube aber doch einmal einem Besser-Wessi begegnen, so frage man ihn freundlich und mit der ihm gebührenden Hochachtung: »Finden Sie nicht auch, daß manche Leute nur durch politische Imponderabilien zu ihrer Inauguration gelangt sind?«

Ich wette, er wird nicht unbeeindruckt sein und schließlich sogar zustimmen.

1991

Hypochonder aller Länder, vereinigt euch

Verehrte Schmerzensreiche und mit Wonne Leidtragende, ich habe gute Kunde für euch! Falls ein banaler Hexenschuß eure rückwärtigen Dienste beeinträchtigen sollte, stellt euch die mit Recht so berühmte westdeutsche Pharmaindustrie ein wundervolles, einzigartiges Medikament zur Verfügung. Es handelt sich um die sogenannten Filmtabletten Anco mit dem edlen Wirkstoff Ibuprofen, deren Einnahme eure kühnsten Träume von einem reichhaltigen Krankheiten-Sortiment wahr werden läßt. Laut Beipackzettel versprechen die eleganten weißen Anco-Kapseln folgende

Nebenwirkungen:

Magen- und Darmbeschwerden wie Übelkeit, Durchfall und Erbrechen können häufig auftreten.

Gelegentlich kann es zu Magen-Darm-Geschwüren kommen, dabei selten zu Blutungen oder Durchbruch. Bestehende Magengeschwüre können verschlimmert werden.

Sollten stärkere Schmerzen im Oberbauch oder Schwarzfärbung des Stuhls auftreten, so ist dies dem Arzt sofort mitzuteilen.

Gelegentlich sind Kopfschmerzen, Schwindel, Schlaflosigkeit, Erregung, Reizbarkeit oder Müdigkeit zu erwarten. Seltener wurde Ohrensausen beobachtet. Sehr selten kam es zu Sehstörungen. Selten wurden Überempfindlichkeitsreaktionen mit Hautjucken oder Hautausschlägen, aber auch Asthmaanfälle mit oder ohne Blutdruckabfall beobachtet.

Weiterhin kann, besonders bei Patienten mit hohem Blutdruck, eine Neigung zur Ansammlung von Wasser im Körper auftreten.

Selten wurde ein Anstieg des Serumharnstoffwertes ohne erkennbare Einschränkung der Nierenfunktion beobachtet.

In vereinzelten Fällen kam es jedoch auch zu einer Verschlechterung bereits vorher bestehender Nierenfunktionsstörungen.

Unter der Einnahme von Ibuprofen wurde über das Auftreten von Gelbsucht infolge von Gallenstauung berichtet. In Einzelfällen muß bei der Langzeittherapie mit einer Erhöhung der Leberenzymwerte sowie mit Störungen der Blutbildung gerechnet werden.

Dieses Arzneimittel kann auch bei bestimmungsgemäßem Gebrauch das Reaktionsvermögen soweit verändern, daß die Fähigkeit zur aktiven Teilnahme am Straßenverkehr oder zum Bedienen von Maschinen beeinträchtigt wird.

Soweit – so verlockend für alle, die sich nicht wohlfühlen, wenn sie sich wohlfühlen. Mit einer einzigen unangenehmen Nebenwirkung müßt ihr euch, verehrte Hypochonder, allerdings abfinden: Der Hexenschuß ist weg.

1992

Die Stasischweinerei geht weiter

Wie haben wir ihn früher bewundert, unseren Kumpel Klaus Karbunke! In aller Öffentlichkeit, also am Telefon oder auch in unserer Stammkneipe »Chez Tante Martha«, erzählte er die neuesten politischen Witze. Zum Kiez-Sheriff sagte er grundsätzlich »Genosse Volksbulle«, das Politbüro nannte er die »Brigade Alzheimer«, und den Decknamen »Tapeten-Kutte« für Kulturkurt Hager wollte er sogar, wenn sein Visumsantrag für den Besuch seiner neuerworbenen Tante in Westberlin durchkäme, als sein alleiniges geistiges Eigentum urheberrechtlich schützen lassen. Wenn er uns eine Urlaubskarte schickte, stand regelmäßig ein Gruß an »die mitlesenden Organe« darunter.

Immer wieder mußte er uns die Geschichte erzählen, wie er mal drei dieser unauffälligen Anorak- und Schirmträger ins Schleudern gebracht hatte. Auf der Gertraudenbrücke in Berlin-Mitte war's, also direkt hinterm ZK, wo Klausi auf das Dreierpack zuging, höflich grüßte und die einfache Frage stellte: »Jenossen, habta schon Valuste?« Und als sie, entweder wegen ihrer generellen Schweigepflicht oder weil sie die Frage einfach nicht verstanden hatten, nicht antworteten, fügte er erklärend hinzu: »Ick denk mir nämlich immer, ihr müßt euch doch jejenseitig dottreten!«

Genau so hat er es uns wieder und wieder erzählt. Wir fanden es phantastisch, aber auch ein bißchen gruselig, weil wir natürlich dachten, der redet sich noch mal um Kopf und Kragen. Aber dann sagte Klausi nur ganz locker: »Bestümmt is mein Dossjeh (das Wort Stasiakte kannte man ja damals noch nicht) schon so dick wie det Nujorker Telefonbuch. Wenn et ma wieder andersrum kommt, laß ick mir det Ding aushändijen und les euch meine janzen Staatsverbrechen vor.« Da mußten wir jedesmal so furchtbar lachen, daß uns alles richtig wehtat.

Nachdem es nun wirklich ganz gewaltig andersrum gekommen ist, war Kläuschen Karbunke natürlich einer der ersten, der sich bei der Gauck-Behörde einen Antrag holte. Kaum vier Wochen später hatte er schon Bescheid, und seitdem ist der alte Aufrührer, Defätist und Verächtlichmacher nicht mehr wiederzuerkennen. Bleich, unrasiert, völlig verstört läuft er herum, richtig wie der Tod auf Latschen. Wenn er einen von uns nur aus der Ferne sieht, rennt er wie von Furien gehetzt auf die andere Straßenseite.

Tagelang haben wir bei »Chez Tante Martha« über Klaus Karbunkes seltsames Verhalten gerätselt. Was kann den alten Himmelhund, der früher keinen Respekt vor Tod und Teufel beziehungsweise vor Mielke und Honecker hatte, so auf den Hund gebracht haben? Hat er am Ende auch erst jetzt erfahren, daß er einer von diesen informellen Cerni-Wollenbergers war, der uns mit seinem ganzen hochverräterischen Getue nur aushorchen wollte? Nein, das mochten wir denn doch nicht glauben.

Gestern traf ich Vera Karbunke, Klausens bessere Hälfte, auf dem Arbeitsamt. Sie konnte nicht weglaufen, weil sie sonst ihren günstigen 122. Platz in der Warteschlange verloren hätte. Da nutzte ich die Gelegenheit und fragte sie frei heraus, was denn nun so Furchtbares in Klausis Akte gestanden hätte.

Vera wurde knallrot und druckste ein bißchen herum. Erst als ich in Ermangelung einer Bibel auf ihre Arbeitslosenumweltkarte geschworen hatte, das Geheimnis für mich zu behalten, verriet sie mir, warum ihr Mann keinem anständigen Menschen mehr ins Auge sehen kann. Die Mielke-Schweine haben ihm nun auch noch das letzte genommen. Im ganzen großen Hause Gauck existiert keine Stasiakte auf den Namen Klaus Karbunke.

1992

In ihrem Leserbrief an eine große Tageszeitung hat eine Berlinerin den verdienstvollen Vorschlag gemacht, jeder ehemalige DDR-Bewohner möge dem Finanzministerium seinen Begrüßungs-Hunni zurückerstatten. Schließlich habe, als das Milliardenloch in Herrn Waigels Haushalt gerissen wurde, niemand ahnen können, wie teuer wir Ossis der Bonner Regierung noch werden würden.

Ich finde das wirklich sehr anständig von der Dame, aber genaugenommen kann die Rückzahlung des kleinen Darlehens nur ein Anfang sein, unsere Dankbarkeit endlich in materielle Gewalt umschlagen zu lassen.

Seit einigen Jahren sind wir nun schon im Besitz der herbeidemonstrierten harten Währung, dürfen richtige Autos fahren, in richtige Ausländer reisen und jeden Tag Bananen essen. Das alles haben die westdeutschen Bürger in vierzig Jahren für uns erkämpft, und viele von ihnen kämpfen sogar weiter, indem sie sich, statt ihre alten Tage zu genießen, an die marode Ostfront verpflichten lassen. Ist es da für uns nicht an der Zeit, reinen Tisch zu machen und einen gewaltigen Schuldenberg abzutragen?

Jawohl, ich rede von den aber Millionen Päckchen, die in vier Jahrzehnten von West nach Ost gingen, um ein wenig Licht in den grauen Graupenalltag der DDR-Volksküchen zu bringen. Hätten wir sonst außerhalb des offiziellen Werbeprogramms erfahren können, daß eine Kindstaufe ohne Krönungszeremonie kalter Kaffee und die Schokoladenseite einer Pause lila ist? Und wieviel süßer Werthers Echte als Werthers Leiden sind?

Damals konnten wir uns nicht revanchieren, denn es gab ja außer informellen Stasi-Mitarbeitern nichts, was man den westdeutschen Brüdern und Schwestern hätte schicken können. Jetzt aber sieht die Sache anders aus. Auch wir sind wieder wer, nämlich Teil einer stolzen großdeutschen Nation, die durch uns in Not zu geraten droht. Allein die Vorstellung, daß es der Bundeswehr eventuell nicht möglich sein sollte, sich den dringend gebrauchten Jäger 90 zu leisten, sollte uns die Schamröte ins Gesicht treiben.

Deshalb mein Vorschlag: Jede ehemalige DDR-Familie beziehungsweise Einzelperson läßt schätzen, welchen durchschnittlichen Wert die von ihnen bezogenen Westpäckchen hatten. Das Finanzministerium darf die errechnete Summe per Einzugsverfahren monatlich von den Konten der Betroffenen abbuchen lassen.

Ex-DDR-Bürger, die angeblich weder Verwandte noch Freunde in den alten Bundesländern hatten, also auch keine Päckchen bekommen haben wollen, müssen dies beweisen. Folgende Unterlagen sind dazu erforderlich: Eine Liste aller bei den Einwohnermeldeämtern geführten Westbürger gleichen Namens, im Falle Verheirateter auch gleichen Geburtsnamens. Notariell beglaubigte eidesstattliche Erklärungen derselben, daß Verwandtschaft nicht vorliegt. In Zweifelsfällen erbbiologische Gutachten.

Um das Nichtvorhandensein von Freunden nachzuweisen, müssen kostenpflichtige Anzeigen in sämtlichen überregionalen und lokalen Zeitungen geschaltet werden, enthaltend Name, Adresse, Beruf, kurzen Lebenslauf und Lichtbild des ehemaligen DDR-Bürgers. Antwortschreiben werden von den Redaktionen direkt an das Bundesverfassungsgericht in Karlsruhe weitergeleitet.

Ich bin sicher, diese Aktion wird die Bundesfinanzkrise schlagartig beenden. Außerdem hat sie den angenehmen Nebeneffekt, daß zahllose herumlungernde Ossis wieder ganztags beschäftigt sind.

1993

Die US-Amerikaner lieben ihr Land. Selbst ihre allmächtige und allgegenwärtige Stasi, die Central Intelligence Agency, lassen sie vertrauensvoll gewähren. Oder haben Sie jemals von einem demonstrierenden Ami den Ruf gehört: »CIA in the Production!«? Na bitte. Die Jungs sollen ruhig machen, was sie wirklich können: spionieren, infiltrieren, zersetzen. Und Akten anlegen. Oder auch nicht. Kein Gott und kein Gauck, von den Bespitzelten ganz zu schweigen, dürfen da reingucken.

Diese Art Umgang mit den amerikanischen Stasiakten hat einen nicht zu unterschätzenden sozialen Aspekt: Sie schafft Arbeit. Eine Menge Leute, z. B. Journalisten, Buchautoren und Filmemacher, können eine ganze Menge Geld damit verdienen.

Greifen wir nur einen Fall heraus: den Kennedy-Mord. Die Protokolle, so denn überhaupt noch welche vorhanden sind, werden allerdings veröffentlicht. Wenn auch erst anno 2038, ganze 75 Jahre nach der Tragödie. Aber man hat ja schließlich ein Langzeitgedächtnis.

Unter den Augen Tausender Schaulustiger war der jüngste Präsident der Vereinigten Staaten am 22. November 1963 in Dallas erschossen worden. Der blitzartig gefaßte Täter hieß nicht J. R. Ewing, sondern Lee Harvey Oswald, war 24 Jahre alt, mit einer Russin (!) verheiratet und selbstverständlich Kommunist.

Nachdem er zwei Tage lang seine Unschuld beteuert hatte, wurde auch er vor laufenden Kameras gekillt. Und zwar vom mafiösen Nachtclubbesitzer Jack Ruby, den es kurze Zeit später ebenfalls dahinraffte.

Als das neugierige Volk nach Aufklärung schrie, stellte der neue Präsident Lyndon B. Johnson eine Untersuchungskommission unter dem Vorsitz des Obersten Richters der USA Earl Warren zusammen. Nun dauerte es nur noch zehn Monate, bis jedermann erfahren konnte, wie alles gelaufen war.

Also: Oswald, das Kommunistenschwein, hatte die Tat ganz allein geplant und begangen. Aus einem uralten defekten Gewehr feuerte er innerhalb von acht Sekunden drei Schüsse auf sein 50 Meter entferntes bewegliches Ziel JFK ab. Eine Kugel erwies sich als zauberkräftig. Sie traf Kennedy erst in den Rücken und dann in den Hals. Danach verließ sie den Präsidenten, um den vor ihm sitzenden Gouverneur Connally durch den Rücken in die Brust zu treffen, im freien Flug einen Speichenknochen seiner linken Hand zu zersplittern, sich anschließend durch seinen rechten Oberschenkel zu bohren und endlich direkt vor die wachsamen Polizisten zu rollen.

So und ähnlich überzeugend argumentierte der Warren-Report. Wer sich beim Durchackern der 26 Bände nicht totgelacht hatte, kam unter Umständen auf die Idee, selbst Nachforschungen anzustellen. Es fanden sich Zeugen, die andere Schützen gesehen und drei weitere Schüsse gehört hatten. Die Spuren führten in die Unterwelt und ins Pentagon, zu FBI und CIA, und wer etwas ausgesagt hatte, das auf eine Verschwörung, gar auf einen Staatsstreich deutete, verstummte sehr bald und für immer.

Nun brach die Zeit der Vermarktung an. Mehr als 100 Fernsehsendungen wurden ausgestrahlt und mehr als 600 Bücher erschienen zum Fall Kennedy. Darunter »Auf der Spur der Mörder« von Jim Garrison, Bezirksstaatsanwalt von New Orleans. Er bewies, daß Oswald ein kleiner CIA-Spitzel war, der den tödlichen Schuß gar nicht geführt haben konnte. Er untersetzte auch die Komplott-Theorie durch einleuchtende Fakten.

Und nun wird's leider ein bißchen kriminell. Oliver Stone (»Platoon«) bemächtigte sich nämlich des Garrison-Reports und strickte es zu dem Hollywood-Monumentalschinken »JFK John F. Kennedy – Tatort Dallas« um.

Wieder und wieder zelebriert der manische Filmer den Mordhergang in einer unentwirrbaren Verschlingung von Dokumentaraufnahmen und nachgestellten Szenen. In trommelfeuerartiger Abfolge von Wort und Bild entbietet er jeden Krümel der Garrisonschen Recherchen. Als Lockfett benutzt er dieses spezifische Hollywood-Schmalz, von dem einem so richtig schön schlecht wird. Wenn beispielsweise Sissy Spacek alias Mrs. Garrison gurrt, der tote JFK möge sich ein bißchen gedulden, weil sie dringend mit Mr. Garrison ins Bett will. Oder wenn der einst so nett mit dem Wolf tanzende Kevin Costner, nunmehr STONE-washed wie ein magenkranker Hauptbuchhalter, als Jim Garrison Tränen vergießt, weil mit dem Mord an Kennedy »der heimliche Mord im Herzen des amerikanischen Traums« stattgefunden habe.

Denn – und das ist das Glaubensbekenntnis des Oliver Stone – JFK war der Messias. Wäre uns der Erlöser nicht schon wieder genommen worden, hätte es keinen Vietnamkrieg gegeben, kein Watergate und keinen Golfkrieg. Frieden wäre auf Erden und den Schwarzen wie den Weißen ein Wohlgefallen. Amen.

Und dann läßt Stone seinen Helden noch einen denkwürdigen Satz sagen: »Wenn das Alte nicht mehr funktioniert, dann geh einen Schritt weiter nach Westen.«

Bis Amerika etwa? Besten Dank! Da sind mir einfach zu viele Spinner. Und vor allem viel zuviele unkontrollierbare Stasileute.

1992

Was fällt dem Nicht-Erfurter spontan zum Stichwort Erfurt ein? Garantiert: Blumen-Stadt, Dom-Stadt, Kirchen-Stadt. Für mich hingegen ist Erfurt die Wohn-Stadt. Nicht die Stadt, in der ich wohne, aber der ich verdanke, daß mein Leben wohnlicher geworden ist. Ich konnte mich einfach besser darin einrichten, mit Möbeln und Menschen. Eines bedingte das andere. Und es begann, wie so vieles bei uns, mit einem Dilemma.

Die per Holzfolie zu Brettern geadelten Spanplatten meiner Leitermöbel hingen seit langem unter der Last sich stetig mehrender Bücher durch. Das DDR-spezifische Provisorium hatte sichtbar ausgedient. Tragfähige Regale mußten her, also solche aus massivem Holz.

Heutzutage ist derlei Anschaffung nicht mehr als ein profaner Kaufkraftakt. Es bedarf lediglich vergleichender Studien in verschiedenen Einrichtungshäusern und des nötigen Kleingeldes. Früher jedoch konnte daraus ein Abenteuer mit höchst ungewissem Ausgang werden.

Natürlich wurden auch zu Zeiten des real stagnierenden Sozialismus gute Möbel gebaut, nur nicht direkt für DDR-Bürger. Die Devise »Hartes Geld für hartes Holz« schrie nach Devisen. Also blieb unsereinem allein die Hoffnung auf ein Wunder.

Das für mich reservierte bahnte sich Mitte 1986 an.

In einem der damals vielfrequentierten Kulturhäuser hatte ich Glasnost-orientierten Berliner Literaturfreunden aus meinen Büchern vorgelesen und stand nun freimütig Rede und Antwort. Eine junge Dame namens Gisela verwickelte mich in ein Gespräch über Sinn und Grenzen der Satire unter Zensurbedingungen. Beiläufig bemerkte sie, ihre Möglichkeiten als Innenarchitektin seien aus Gründen jener allzeit »besonderen Situation« ebenfalls äußerst gering.

Bei mir klingelten alle Glöckchen. Auf meine Frage, ob sie vielleicht jemanden kenne, der über richtiges Holz verfüge und dieses auch bearbeiten könne, antwortete sie: »Na klar. Mein Freund ist Möbeltischler.«

Zu meinem Entzücken nahm Gisela die Einladung, mich mit ihrem Freund zu besuchen, sofort an. Ich ließ mich nicht lumpen und schaffte herbei, was der staatliche Delikatessenhandel an Köstlichkeiten vorrätig hatte.

Die Innenarchitektin kam. In Begleitung einer Kollegin. »Wo ist der Möbeltischler?«, fragte ich entgeistert. »Über alle Berge«, antwortete Gisela, »aber Ute ist genauso gut. Sie hat mal in einer Erfurter Möbelbude gearbeitet und kennt alle führenden Holzwürmer. Todsichere Sache.«

Mein nur noch gedämpfter Optimismus verdarb den beiden wenigstens nicht den Appetit. Nach dem Schmaus maßen sie mein Wohnzimmer aus und machten Vorschläge zur individuellen Raumgestaltung. Innerhalb der nächsten vier Wochen wollten sie nicht nur eine millimetergenaue Zeichnung anfertigen, sondern auch einen verbindlichen Produktionstermin aus dem Erfurter Möbelwerk beibringen. Wir schieden als Freundinnen.

Ich hatte natürlich keinen Augenblick damit gerechnet, daß alles reibungslos vonstatten gehen würde. Deshalb warf mich auch Utes Hiobsbotschaft nicht um, der ihr wohlvertraute Erfurter Oberholzwurm habe leider ein paar gefährliche Strahlen der Günter-Mittag-Sonne abbekommen und sei folgerichtig in der Wüste gelandet. Beim neuen Direktor aber handle es sich um einen Fachmann und abgehärteten Planstrategen. Außerdem habe er ein Faible für Kultur, und gerade die liege im Möbelwerk hoffnungslos darnieder. An dieser Stelle solle ich unbedingt einhaken.

Ich schrieb einen Brief, geeignet, Platinherzen zu schmelzen. Unter anderem, daß ich auf die brüderliche Hilfe der deutschen Wertarbeiter aus Erfurt dringend angewiesen sei, weil ein Schriftsteller angesichts absturzgefährdeter Bücher einfach nicht produktiv sein könne. Und was ich im Lieferfalle als Gegenleistung zu bieten hätte: Bücher aus dem Eulenspiegel Verlag sowie Karten für den Berliner Friedrichstadtpalast und das Kabarett »Die Distel«.

Die Antwort kam prompt. In einer für staatliche Leiter ungewöhnlich lockeren Tonart teilte mir der oberste Möbelwerker mit, sein Freund, der Plan, stünde meinem Ansinnen äußerst skeptisch gegenüber. Lasse doch die gelungene Zeichnung der beiden Innenarchitektinnen den Verdacht aufkommen, hier solle ein komplettes Wohnzimmer bestellt werden. Das übrigens in heller Senn-Esche besonders gut aussähe. Leider dürfe so etwas nicht außer der Export-Reihe angefertigt werden. Ginge es aber um Einzelteile wie Bücherregale, Aktenschränke, Arbeitstische etc., ließe sich vielleicht darüber reden. Zumal meine Angebote aus dem Bereich »Bückwaren des täglichen Bedarfs« durchaus Überzeugungskraft besäßen. Weshalb er meinem baldigen Besuch freudig entgegensähe.

Damit war das Ende des Postweges markiert. Der Direktor war reizend. Desgleichen der Meister, ein Künstler seines Fachs, der schon darauf brannte, gemeinsam mit zwei Gesellen mein Wohnzimmer anständig zu möblieren. Selbstverständlich nur in Form planmäßig zu verbuchender Einzelteile.

Der Kostenvoranschlag war happig, doch akzeptabel. Und ich durfte mich ja auch auf ein bücherfreundliches Unikat freuen, nicht zu vergleichen mit den handelsüblichen Konfektionsschrankwänden, die für Analphabeten gebaut schienen.

Kaffeetrinkend erörterten wir gegenseitig interessierende Fragen der Bereiche Industrie- und Kulturpolitik, allgemeines Polit-Chaos sowie Kalkablagerungsdichte auf höchster Parteiebene. Nach diesem Übereinstimmungstest verabredeten wir eine Lesung im Rahmen der gewerkschaftlichen Weihnachtsfeier. Und schieden als Freunde.

Möbelwerkerseits war der Kulturraum festlich geschmückt und mit einem lukullischen Kalten Büfett bestückt worden. Ich gab meine Schnurren und Satiren zum Besten und wurde wie das herzliebe Christkind gefeiert, als ich die Bücherkisten aus dem Hause Eulenspiegel auspackte.

Der fröhliche Abend erstreckte sich bis in die tiefe Nacht. Viele gute, auch streitbare Gespräche wurden geführt. Zum Beispiel darüber, daß Mangelwirtschaft eine nahezu urgesellschaftliche Eine-Hand-wäscht-die-andere-Akkumulation hervorgebracht habe. Keiner sah dies als normal an, aber alle lobten den Wert praktischer Solidarität. Mitmenschlichkeit, wenn auch aus der Not geboren, sei immer noch besser als kalter Egoismus. Der nämlich könne leicht zu

Unmenschlichkeit führen. Trotz der Kälte draußen hatten wir es warm und fühlten uns wie eine große Familie.

Als meine wunderschönen Senn-Esche-Möbel Monate später geliefert und montiert waren, lud ich alle ihre Schöpfer zu einer feucht-fröhlichen Einweihungsparty ein: die Innenarchitektinnen, den Meister, die Gesellen und den Direktor. Letzterer bat mich, als die Stimmung schon auf dem Höhepunkt war, zu einem Vieraugengespräch in die Küche. Dort überreichte er mir die Rechnung. »Leider«, sagte er, »ließ es sich doch nicht wie abgesprochen arrangieren. Nun sind Sie in unseren Büchern als gesellschaftlicher Bedarfsträger geführt, stehen also gewissermaßen im Range eines volkseigenen Betriebes.«

»Und was hat das zur Folge?«, fragte ich ängstlich. Der planerfüllungswillige Direktor seufzte tief. »Daß Sie nur die Hälfte zahlen müssen. Der andere Teil wird durch die Staatsakzise abgedeckt.«

Obwohl die von mir dankbar entrichtete Summe exakt heutigen Preisen entspricht, plagen mich neuerdings Alpträume. Denn lange wird es wohl nicht mehr dauern, bis die Treuhand auch mich abgewickelt hat.

1991

Das Subversive am DDR-Schlager

Der Schlager ist ein leichtverderblicher Massenbedarfsartikel und fördert ewige Wahrheiten zutage. Zum Beispiel: Liebe macht glücklich, und Trennung tut weh. Sonne, Mond und die restlichen Gestirne leuchten fern, aber schön, und am schönsten ist es, wenn wir nett zueinander sowie fröhlich sind und singen. Wer wollte das bestreiten!

Doch als wir noch mit einem intakten Feindbild vor Augen auf dem Weg zur sozialistischen Menschengemeinschaft waren, erfuhren wir, daß es auch mit derlei allgemein-menschlichen Aussagen seine besondere, höchst politische Bewandtnis habe. Im »Taschenbuch der Künste – Unterhaltungskunst von A bis Z« (erschienen 1977 im Henschel-Verlag Berlin) steht es schwarz auf weiß: »Erst unter sozialistischen Bedingungen wird es möglich, den Schlager ungehindert in den Dienst der Interessen des werktätigen Volkes zu stellen, indem er vorwärtsweisende Antworten auf die Frage nach dem Sinn des Lebens gibt und die Menschen auf die progressiv veränderbare Realität orientiert.«

Dergestalt ideologisch vergattert hörte ich mir vierzehn DDR-Erfolgsschlager an, die auf einer Langspielplatte der Firma Deutsche Schallplatten GmbH erschienen sind, um von meinen ehemaligen Interessenvertretern vorwärtsweisende Antworten auf die Frage nach dem Sinn des Lebens zu erhalten.

Doch was mußte ich entdecken? Die scheinbar so gefälligen Liedchen enthielten jede Menge schlecht getarnter subversiver Botschaften.

Schon die Behauptung, *ein* himmelblauer Trabant sei durch ein Tiefdruckgebiet über das weltweit diplomatisch anerkannte Land DDR gerollt, erfüllt den Tatbestand der Beleidigung für die stets plantreuen Zwickauer Automobilwerker. Rollten nicht in Wahrheit zehntausende Trabbis in den exotischen Farben wüstenbeige, papyrosweiß, gletscherblau und baligrün durch das Land sowie über dessen befreundete Grenzmarkierungen?

Ausgesprochen denunziatorisch wirkt zum Beispiel die Textzeile: »Ich winkte den Autos, und eines, ein kleines, hielt an.« Offenbar wollte uns der Dichter damit suggerieren, all die vielen Leitungskader in den großen schwarzen Gardinenautos hätten das singende Fräulein Sonja Schmidt schutzlos im Regen stehenlassen.

Man geht wohl nicht fehl in der Annahme, der Autor des Monika-Herz-allerliebsten-Ständchens »Alle sind Geburtstagskinder« habe ein spezielles Datum im Sinn gehabt: den 7. Oktober. Wie aber erklärt sich dann die Zeile »Alle Menschen rings im Land decken einen Tisch?« Eine einzige Festtafel für mehr als 16 Millionen Gratulanten? Das ist die blanke Miesmacherei. Wenn auch Bananen knapp und Kiwis unbekannt waren, so gab es doch immer genug Apfelkuchen, um alle Tische der Jubelrepublik damit zu bestücken.

Die Sängerin Regina Thoss erlaubte sich gar, ein Loblied auf die rumänische Fluggesellschaft Tarom zu singen. Das war nämlich die einzige im ganzen festverschlossenen sozialistischen Lager, deren Maschinen israelische Flughäfen anfliegen durften. Entschlossen zur mißbräuchlichen Benutzung ihres Dienstvisums läßt Frau Thoss die rumänischen Abweichler wissen: »Rom-Tarom, das heißt, ich komm, ich komm!«

Wie ein hinterhältiger Aufruf zu nächtlicher Republikflucht und anschließender Familienzusammenführung klingt auch der Refrain: »Hätt ich noch mal, noch mal die Wahl, ich nähme dich doch wieder für mich, denn keine Nacht und keine *Macht* trennt dich von mir.« Erst in diesem Zusammenhang erschließt sich die ganze Infamie des folgenden Textes: »Blau ist die Nacht, nur der Mond am Himmel – schau, wie er lacht. Er hat schon soviel gesehn und kann verstehn.«

Nein, es ist wirklich unverständlich, wie dergleichen feindliche Propaganda unbeanstandet von den Zensoren zu Ohren des werktätigen Volkes gelangen konnte. Aber nun wissen wir wenigstens, wer den Untergang der DDR herbeigeführt hat: Honecker, Mielke, Mittag und die Autoren der Schlagertexte.

1992

Brieföffner

Der Floh

Im Departement du Gard – ganz richtig, da wo Nîmes liegt und der Pont du Gard: im südlichen Frankreich – da saß in einem Postbureau ein älteres Postfräulein als Beamtin, die hatte eine böse Angewohnheit: Die machte ein bißchen die Briefe auf und las sie. Das wußte alle Welt. Aber wie das so in Frankreich geht: Concierge, Telephon und Post, das sind geheiligte Institutionen, und daran kann man schon rühren, aber daran darf man nicht rühren, und so tut es denn auch keiner.

Das Fräulein also las die Briefe und bereitete mit ihren Indiskretionen den Leuten manchen Kummer.

Im Departement wohnte auf einem schönen Schlosse ein kluger Graf. Grafen sind manchmal klug, in Frankreich. Und dieser Graf tat eines Tages folgendes: Er bestellte sich einen Gerichtsvollzieher auf das Schloß und schrieb in seiner Gegenwart an einen Freund:
Lieber Freund!
Da ich weiß, daß das Fräulein Emilie Dupont dauernd unsere Briefe öffnet und liest, weil sie vor lauter Neugier platzt, so sende ich Dir anliegend, um ihr einmal das Handwerk zu legen, einen lebendigen Floh.
Mit vielen schönen Grüßen
Graf Koks
Und diesen Brief verschloß er in Gegenwart des Gerichtsvollziehers. Er legte aber keinen Floh hinein.

Als der Brief ankam, war einer drin.

Kurt Tucholsky 1932

Schon zu DDR-Zeiten war mein Freund *Peter Ensikat* nicht nur als der brillanteste Satiriker und Kabarettautor, sondern auch als Verfasser wunderbarer Kinderstücke geschätzt. Seine Dramatisierungen verschiedener Märchen der Gebrüder Grimm und des Dänen Hans Christian Andersen gehörten zum Repertoire zahlreicher internationaler Kindertheater.

Da es in Belgien ein solches nicht gab, wohl aber genügend Kinder, denen das Erlebnis Theater nicht gänzlich vorenthalten werden sollte, wurde der fließend französisch parlierende Peter Ensikat in den siebziger Jahren immer wieder nach Brüssel eingeladen, um die Inszenierung seiner Stücke selbst zu besorgen.

Während dieser jeweils dreimonatigen Ausflüge fühlte er sich manchmal einsam, weshalb er mir lange Briefe schrieb. Obwohl ich immer postwendend antwortete, verlief die Korrespondenz etwas schleppend. Gelegentlich dauerte es ganze sechs Wochen, bis eine von Peters Episteln in meinem Briefkasten landete. Deshalb schrieb ich ihm eines Tages:

Lieber Freund!

Da wir alle wissen, daß die amtlichen Brieföffner der Firma Horch & Guck dauernd unsere Post öffnen und lesen, weil sie vor lauter Neugier platzen, bitte ich Dich inständig: Borg Dir endlich eine Schreibmaschine! Deine Sauklaue muß ja jede Entcodierungsabteilung in den Wahnsinn treiben.

Mit vielen schönen Grüßen

Deine Freundin

Peter Ensikat erkannte die Berechtigung meiner Kritik an und tippte den nächsten Brief säuberlich mit der Maschine.

Bereits eine Woche später konnte ich mich mit eigenen Augen davon überzeugen.

Was lehrt uns das? Wer täglich Unmengen Pflichtlektüre konsumiert, muß deshalb noch lange kein belesener Mensch sein.

1993

Am 12. September 1990 erschien ein Herr Geidecker, Mitarbeiter des Referats Innenpolitik im Amt des Ministerpräsidenten Lothar de Maizière, im Büro des DDR-Schriftstellerverbandes. Herr Geidecker hatte den Auftrag erhalten, sich über die finanzielle Situation des Verbandes zu informieren. Der Experte wollte unter anderem wissen, ob die Mitglieder ihre Gehälter auch weiterhin vom Verband beziehen, ob sie von ihm nach wie vor Aufträge zur Niederschrift belletristischer Werke erhalten und wieviele Arbeits- und Erholungsheime der Verband noch besitzt.

Führende ehemalige Verbandsfunktionäre beeilten sich zu versichern, der Schriftstellerverband habe seinen Mitgliedern niemals Gehälter gezahlt sowie keinerlei Aufträge für literarische Werke vergeben. Ferner behaupteten sie, dem Verband gehörte immer nur eine einzige Arbeits- und Erholungsstätte, nämlich das Schriftstellerheim »Friedrich Wolf« in Petzow bei Potsdam.

Herr Geidecker blieb mißtrauisch. Eulenspiegel brachte wieder einmal Licht ins Dunkel und nahm die langjährigen Verbandsmitglieder *Renate Holland-Moritz* und *Lothar Kusche* in die Zange.

RHM: Selbstverständlich erhalten wir auskömmliche Gehälter! Schließlich fallen ja dauernd Unmengen besonderer Aufträge an. Ich denke da nur an die vielen Choreinsätze.

Eule: Wie bitte?

LK: Es ist doch klar, daß wir den jeweiligen Vorsitzenden sowie allen Mitgliedern der zentralen und lokalen Vorstände Geburtstagsständchen bringen! Bei unserem früheren Berliner Chef Günter Görlich pflegten wir am 6. Januar oft bei bitterer Kälte in aller Herrgottsfrühe unter seinem Balkon die Hymne der Heilsarmee anzustimmen: »Görlich, Görlich wird es wieder sein«.

RHM: Und erst jüngst, am 17. Juni, ehrten wir unseren neuen Gesamt-Vorsitzenden Rainer Kirsch zu seinem 56. Wir sangen »Ein festes Buch ist unser Gott« und andere Kirschenlieder.

LK: Die Singerei ist dabei noch nicht das Schlimmste, zumal man hinterher gelegentlich zu einem weichen Keks eingeladen wird. Aber das Abschreiben der dicken Bücher, das geht wirklich über die Knochen.

RHM: Dabei hattest du es mit »Vater Batti singt wieder« fast noch gut. Ich dagegen mußte etwa 8000 Seiten »Friede im Osten« abpinseln.

Eule: Mit der Hand?

RHM: Natürlich! Wegen meiner phantastischen Handschrift. So was erfreut das Herz der Bibliophilen.

Eule: Warum müssen Sie die Bücher denn abschreiben? Die kann man doch, wenn überhaupt, einfach so lesen.

RHM: Erstens handelt es sich um hochkarätige Reißwolfware, und zweitens arbeiten wir ausschließlich für Untergrundkundschaft. Und die ist nun mal an Samisdat gewöhnt.

Eule: Welche Werke Ihrer Kollegen wurden denn nun im Auftrag des Verbandes geschrieben?

RHM: Eigentlich alle. Oder glauben Sie, Christa Wolf hätte sich aus freien Stücken auf ihr Sommerstück zurückgezogen, um mit Kassandrarufen einen Störfall herbeizuführen?

LK: Es steht auch zu vermuten, daß Stefan Heym seinen eigenen Nachruf niemals ohne Auftrag und Honorar des Verbandes so gut überlebt hätte.
RHM: Und wer lernt schon freiwillig bei einem fremden Freund Tango spielen? Christoph Hein etwa?
Eule: Können Sie uns zum Schluß die genaue Anzahl der im Verbandsbesitz befindlichen Heime nennen?
LK: Die kann man nur vage schätzen. Praktisch reiht sich auf dem ehemaligen DDR-Territorium Heim an Heim. Ich möchte nur einige der trautesten anführen: Da wäre die Moritzburg bei Dresden, die Albrechtsburg in Meißen, der Cäcilienhof in Potsdam...
RHM: ...und nicht zu vergessen die Villa Bärenfett in Radebeul. Ferner, was weniger bekannt sein dürfte, das Schloß Schwerin, der Leipziger Hauptbahnhof, das Treptower Eierhaus und der Spreetunnel bei Friedrichshagen.
LK: Natürlich unterhält der Verband auch Heime im Ausland, zum Beispiel den Wawel in Krakau, die unterirdischen Katakomben des Gellert-Bades in Budapest, das Hemingway-Haus bei Havanna, den Lateran in Rom, den Peterhof in Leningrad und die Erzengel-Kathedrale im Moskauer Kreml. Und selbstverständlich den Louvre.
Eule: Warum aber bekennen sich die Verbandsfunktionäre nicht zu diesen Tatsachen?
RHM: Das sind eindeutig die Auswirkungen jahrzehntelanger stalinistischer Kommandowirtschaft. Wir sind sicher, daß jeder der cirka 1000 eingetragenen DDR-Schriftsteller auf Befragen antworten würde, er habe von alldem nichts gewußt.

1990

Ist es nun zwölf Uhr mittags oder schon fünf nach zwölf?
Filmskandal nach vierzig Jahren aufgedeckt

Dank der beamteten Schnecken des Postministers Schwarz-Schilling geriet Frau Petra Kelly, berühmte Bundes-Grüne und Jüngerin des heiligen Bastian, erst jetzt in den Besitz eines kostbaren Erbstücks. Der schon leicht ramponierte Irrläufer enthielt Tagebücher ihrer verstorbenen Großmutter Grace Kelly, die in den Jahren von 1956 bis 1982 nur noch in der Rolle einer Fürstin namens Gracia Patricia auftrat. Dafür aber en suite sowie an der Seite ihres Partners Rainier von Monaco.

Petra Kelly gewährte uns Einsicht in die zehn Jahre lang auf dem Postweg befindlichen Schriftstücke, wofür wir ihr Dank schuldig sind und bleiben.

Daß Grace Kelly durch ihre Tätigkeit in einem Stechpalmenwald namens Hollywood weltberühmt wurde, dürfte jedem Filmfreund geläufig sein. Daß die verblichene Blondine aber auch eine echte deutsche Patriotin war, konnte niemand wissen.

Wir haben den Beweis!

Grace Kelly vertraute ihrem Tagebuch einen Fall übelster Filmgeschichtsklitterung an. Es handelt sich um den sogenannten Western »Zwölf Uhr mittags«, eine ursprünglich urdeutsche Produktion, die von vaterlandslosen Plutokraten und dem aus österreichischem Anschlußgebiet entwichenen Regisseur Fred Zinnemann in »High Noon« umbetitelt wurde.

»Die Geschichte gefiel mir gleich«, schrieb Grace Kelly. »Es geht da um den sehr ehrenwerten Polizeichef Willi Kanne, der in einem kleinen Städtchen in der Dübener Heide für Recht und Gesetz sorgt. Am Tag seiner Hochzeit legt er das Amt nieder, denn seine schöne Braut Annemarie verabscheut als gläubige Bürgerrechtlerin jede Art Staatsgewalt. Plötzlich wird bekannt, daß ein gewisser Mörder Müller mit dem Zwölf-Uhr-Zug eintreffen und blutige Rache an Willi Kanne nehmen will, der ihn einst dem Gericht auslieferte. Willi sieht sich von allen guten Geistern seines Sprengels verlassen. Doch er weiß, wo sein Platz und was seine erste Heldenpflicht ist. Mitten auf der Straße erledigt er zwei der drei Mörder-Freunde, den dritten befördert seine geläuterte Braut Annemarie ins Jenseits. Nachdem sie sich also ihre pazifistischen Flausen aus dem Kopf und den Mörder Müller mitten ins Gesicht geschlagen hat, wird dieser von Kannes Fangschuß ereilt. Danach reiten Willi und Annemarie unter den Klängen des alten Volksliedes ›Geh doch nicht stiften, o mein Liebling‹ einer gesicherten Zukunft als Coop-Ladenbesitzer in Bad Schmiedeberg entgegen.« Ende des Zitats.

Welch schlichte, ergreifende Geschichte! Welch eindrucksvolles Bekenntnis zu deutschem Mannesmut und deutscher Weibertreue, zu Ordnung, Zucht, Geschäftssinn und Todesstrafe!

Doch was machten überseeische Kulturschänder daraus? Eine grobkörnige, schwarzweiß gezeichnete, mit Amerikanismen gespickte Prärieschnulze.
»Noch heute schäme ich mich meiner Mitwirkung«, gestand Grace Kelly ihrem Tagebuch. »Aus der Annemarie, die ich spielte, wurde eine gewisse Amy, aus meinem edlen sächsischen Gemahl Willi Kanne

der mürrisch-magenkrank wirkende Marshall Bill Kane. Übrigens mußte sogar sein Darsteller ein amerikanisches Pseudonym annehmen. Er nannte sich, vielleicht im Hinblick auf unsere Coop-Pläne, Garry Cooper, obwohl er den schönen deutschen Namen Harry Kupfer trug!«

Grace Kelly verschwieg auch nicht, daß sich Drehbuchautor Karl Vordermann in einen amerikahörigen Carl Foreman zu verwandeln hatte. Immerhin leistete der schon erfolgreiche Produzent Kramer fünfzigprozentigen Widerstand, indem er nur seinen Vornamen Stanislaus in Stanley änderte.

Doch seien wir ehrlich: Petra Kellys verehrungswürdige Oma legte mit ihren Enthüllungen bestenfalls die Spitze eines Eisbergs frei. Niemand aber soll glauben, wir würden künftig noch saftige Eintrittspreise berappen für Typen wie Paul Newman, Robert Redford, Tom Cruise oder Liz Taylor.

Es sei denn, sie trügen wieder ihre geburtsurkundlich verbrieften Namen Paul Neumann, Robert Rotfurt, Thomas Kreuzer und Lieschen Schneider.

1991

Knaben ab 17 sind für ihre Mütter wie siebenmal versiegelte Bücher. Wann immer ich meinen Sohn nach Unbilden oder auch Annehmlichkeiten seines Lehrlingslebens befragte, beschied er mich mit der knappen Antwort: »Es ist ätzend!« Der Junge verwies mich beharrlich aus seinen Erlebnisbereichen.

In solchen Fällen ist es ratsam, den besten Freund des Sohnes zu konsultieren. Freund Sven also, zeitweilig in einem großen Lehrlingswohnheim stationiert, erteilte mir bereitwillig Auskunft. »Es is belastend«, sagte er, »einfach tierisch ätzend.«
»Gut«, sagte ich, »aber was konkret?«
»Allet«, entgegnete er. »Schon die Vierbettzimmer! Drei Mann davon kannste garantiert nich leiden!«

Ich bestand auf weiteren Interna. Das Leben nach der Uhr mißfiel ihm, 22 Uhr Nachtruhe, 21.30 Uhr Vorbereitung auf die Nachtruhe! Schließlich sei er kein kleines Kind mehr, das eine halbe Stunde zum Waschen und Zähneputzen brauche. Zähneputzen sei überhaupt Quatsch für einen Erwachsenen. Außer vielleicht vor der Disko.

Sven hielt sich für einen notorischen Pechvogel seit alters her. Noch nie sei es ihm gelungen, als »Lehrling vom Dienst« die Frühschicht abzuraffen. »Da mußte von sechse bis zwei inne Pförtnerloge Schlüssel ausjeben«, erklärte er, »und darfst janz offiziell

Berufsschule schwänzen. Weil: Wachsamkeit jeht vor Bildung!«

Die Schicht von 14 bis 22 Uhr dagegen empfand er als glatte Schikane. Als Eingriff in sein persönliches frohes Jugendleben. »Da hält man sich nu schon an det Klassikerwort: Jugend is Trunkenheit. Ohne Wein natürlich! Aber wennse son diskreten Flachmann bei dir finden, mitten paar kleenen Schlückchen blauen Würjer drinne, kippensen brutal int Klo. Weeßte, wat det is? Det is Alkoholmißbrauch!«

Die Planposition »Jugendfreund vom Dienst!« gefiel ihm außerordentlich. Ein solcher habe lediglich an einem Tischchen auf der Etage zu sitzen und in eine Liste einzutragen, wann welcher Jugendfreund zu welchem Zweck und Ziel aufgebrochen sei, wann er heimzukehren gedenke, und ob er dann auch pünktlich erschienen sei.

»Bei diese Aufjabenstellung«, sagte Sven, »jerätste echt ins schöpferische Grübeln. Sone Berichte jehn doch nach oben, wa. Und wat wolln die da oben? Nischt weiter as wenigstens die schriftliche Bestätijung, det an der Basis allet paletti is. Also biste keen Unmensch und machst se die Freude.«

Trotzdem wollte mir die ganze Verätztheit eines so tierisch belasteten Lehrlingslebens nicht recht aufgehen. Da ich auch keine Lust verspürte, vor eine Generationskonfliktkommission zu geraten, bat ich Sven, nunmehr zum unterhaltenden Teil zu kommen. Irgendwelche komischen Dinge müßten doch wohl passiert und folglich der Rede wert sein.

Sven schüttelte den Kopf. »Da is nischt komisch. Allet tiefhohl und traurig. Na ja, bis auf Tommy vielleicht. Det war der schärfste Punker im janzen Wohnheim. Der hatte nich son blöden Hahnepampel uffen Kopp, sondern 'n richtigen Urwald. Und immer knallrot jesprayt, ooch wenn jar keen jesetzlicher Feiertag mit Flaggenzwang anjesagt war. Aber der jewaltigste Hammer war die Action mit der weißen Maus. Die hat er sich nämlich mitten in seine rote Putzwolle jepflanzt.«

»Wie bitte?« Mein ungespieltes Entsetzen erhöhte Svens Freude an der Detailbeschreibung.

»Mußter ma vorstellen: Kooft sich dieser Eumel 'ne weiße Maus und dressiertse so lange, bisse ihm nich mehr vom Kopp fällt. Det blöde Vieh hat sich so bescheuert uff den sein Wirsing bewegt, als wärt'n bengalisch angestrahlter Valuta-Schuppen.«

Die Vorstellung machte mir rein physiologisch zu schaffen. »Sag mal, du redest von Tommy ständig in der Vergangenheitsform. Ich nehme an, man hat den unappetitlichen Burschen samt seinem Haupt-Mieter aus dem Wohnheim gefeuert.«

»Keen Stück«, entgegnete Sven. »Im Heim kämpfense um jede sozialistische Seele. Klar, sie haben ihn fast zu Boden diskutiert. Der Rektor, der Lehrmeester und vorneweg der Ober-FDJnik. Aber allet Asche. Bis old Kostja den Aussteiger markierte. Da jing Tommy inne Knie. The show was over.«

»Wer ist denn nun wieder Kostja?« wollte ich wissen.

»Ein Punk wie du und ich«, sagte Sven. »Jedenfalls bis zu dem Moment, wo er beim Barbier jewesen war. Also so wat von Toppschnitt haste noch nich jesehn! Mein Opa sah mal so aus, aber nur uff sein Einsegnungsfoto. Jejen die affengeile Einlage konnte Tommy mit seine rote Mausebommel einfach nich anstinken.«

Ich verstand nicht recht, wieso einer ein Aussteiger sein sollte, nur weil er sich mal zum Friseur verirrt hatte.

»Is ja ooch noch nicht allet«, beruhigte mich Sven.

»Wat meinst du, wo kooft der normale Jugendliche seine abgewichsten Wranglers oder Levis? Im An- und Verkauf, jenau! Towarischtsch Kostja dajejen faßt seine Fräcke neuerdings in der Jugendmode, wo se diesen durchjestylten Konsumlook kreieren. Und wennde denn noch erleben mußt, wie er den Weibern höflich die Düre uffhält, der Gewi-Tante die Materialien hinterherschleppt, den Direktor als erster grüßt und sich überhaupt wie son oller englischer Gentlehmann benimmt – nee du, da biste seelisch fix und foxi.«

Das vermochte ich nun gar nicht einzusehen.

»Et kommt ja ooch noch ville schlimmer«, sagte Sven. »Sonntagabend, wenn wir alle wieder im Wohnheim einjetrullert sind, is ab elfe Nachtruhe. Um halb zwölfe haun die Erzieher ab, und denn is endlich Leben inne Bude. Da ziehen wir uns nämlich die jeschmuggelten Granaten rein, verstehste, diese hochprozentigen Spaßmacher aus die Null-siebener-Glasmanteljeschosse. Det jeht bis früh um fünfe, kleine Maus, und wenn wir um sechse zum Frühstück taumeln, sieht keener mehr durch. Infolje Parallaxenverschiebung, rein augenmedizinisch jesprochen. Aber wat macht Gospodin Kostja? Haut sich beim Zapfenstreich inne Koje und besichtigt seinen inneren Bewußtseinsstand. Da kannste nur noch ausrasten, ehrlich ma.«

»Wenn du diesen Kostja auch für einen verlorenen Sohn der Arbeiterklasse hälst«, sagte ich streng, »so haben doch wenigstens eure Ausbilder und Erzieher einen Alptraum weniger. Das ist den Ärmsten ja nun wirklich zu gönnen.«

Sven lachte schallend. »Fehlanzeije, Madame! Grade die stehn voll uffen Schlauch. Kiek ma, an unsere Pennerklamotten sindse jewöhnt, aber Kostja tanzt mit seine jebügelten Jumolappen echt aus der Reihe, und so wat bringt Unruhe ins Kollektiv. Unsere Sprechweise ham die Gruftis vonne Leitungsebene inzwischen ooch voll jescheckt. Aber wenn nu eener redet wie Mister Duden persönlich, isset amtlich 'ne Provokation.«

»Das darf doch nicht wahr sein«, empörte ich mich, »da hält sich endlich mal einer an die Normen menschlichen Zusammenlebens, und dann wird das vom Kollektiv nicht mal anerkannt!«

»Janz so isset ja nu ooch wieder nich«, sagte Sven gedehnt. »Der eene oder andere aus unsere Truppe fährt schon direkt 'n bißchen uff Kostja seine Aussteigermasche ab. Und wenn ick ehrlich sein soll – irjendwie steckt da wirklich 'ne jewisse Power drinne.«

Ich will ja nichts beschreien, aber es kommt mir ganz so vor, als sei auch mein zu allen Extravaganzen neigender Sohn vom Aussteiger-Virus befallen. Erst neulich bat er mich um eine kurze Unterweisung in der Kunst des eigenhändigen Schuheputzens, und heute früh mußte ich ihm auf sein weißes T-Shirt die Inschrift sticken: I like Gorbatschow.

Geschrieben im Sommer 1985.
Auf zahllosen Lesungen
zum Vortrag gebracht, u. a.
in der Veranstaltungsreihe
»Lachen und lachen lassen« 1987
im Palast der Republik in sechs Vorstellungen
vor jeweils 2800 Gästen.
Veröffentlicht in Heft 49/89
im »Eulenspiegel«.

Kunden-Dienst

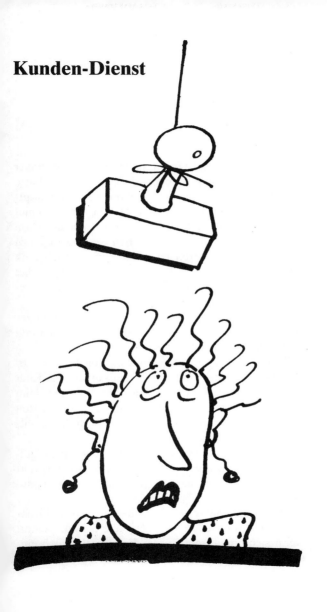

Der Freitagnachmittag war noch jung, als sich unser Büro langsam leerte. Jeder einzelne Kollege hatte gute Gründe, die Lösung der ökonomischen Hauptaufgabe auf den kommenden Montag zu verschieben. Selbst unser Begeeller unterbrach seine schon penetrant wirkenden reförmlichen Beteuerungen zu genereller Dialogbereitschaft. Er hatte nämlich dank einer telefonischen Fehlverbindung erfahren, daß beim Auto-Service stündlich mit Lada-Außenspiegeln gerechnet wurde.

Auf mich wartete die übliche zweite Schicht in der Kaufhalle. Mein Dienst als Kunde. Der sogenannte und vielzitierte Kundendienst also.

Früher sollen für diese Einsätze sogar unqualifizierte Familienmitglieder wie Schulkinder oder Ehegatten mißbraucht worden sein. Wie oft gab es dann Qualm in der Küche, wenn sie statt der gewünschten Koteletts Schweinefilet oder statt des Blumenkohls teuren Spargel anschleppten!

Doch derlei chaotische Zustände gehören endgültig der Vergangenheit an. Der moderne Mensch geht nicht mehr einkaufen, er begibt sich auf Nahrungssuche.

Das ist eine nervenzerfetzende und manchmal sogar herzerwärmende Angelegenheit. Vor allem, wenn sich völlig unerwartete Erfolgserlebnisse einstellen. Welcher Vertreter eines historisch überlebten Gesellschaftssystems weiß schon von dem Glücksgefühl, das unsereinen vor einem schlichten Glas Linsen mit Rauchfleisch erfaßt? Oder vor solchen Überraschungseiern wie Pflaumenmus, Kandiszucker oder gefrosteten Hefeklößen? Und wer, wenn nicht wir, wird beim Anblick original orangefarbener Apfelsinen augenblicklich in Weihnachtsstimmung versetzt? Na also.

Doch zurück zu jenem Freitagnachmittag. Wie es meiner preußischen Natur entspricht, traf ich zu Hause erst einmal Schichtvorbereitungen. Zunächst schichtete ich das abgezählte und ausgespülte Leergut in die beräderte Riesentasche, im Volksmund auch liebevoll Rentner-Volvo genannt. Und zwar seit jenem Zeitpunkt, da grenzmündige DDR-Bürger mit seiner Hilfe einen nicht unerheblichen Teil des Ost-West-Handels abwickeln.

Sodann packte ich die erforderlichen Arbeitsmaterialien zusammen. Zur Grundausstattung gehören eine Papierschere, eine Buddelschippe, eine Tube Duosan, ein festverschließbares Plasteimerchen mit handwarmem Fitwasser sowie einige Lappen. Ich leiste mir darüber hinaus noch ein paar Extras, die einfach meinem Bedürfnis nach Kultur am Arbeitsplatz entsprechen. Zum Beispiel ein kleines, blumenbedrucktes Händehandtuch, sorgsam gehütete Importreserve aus der untergegangenen Mao-Dynastie.

Am Wochenende scheint sich das Personal meiner Kaufhalle noch mehr als sonst vor dem Auftreten gefährlich fauchender Schlangen zu fürchten. Deshalb räumt es mindestens die Hälfte aller Einkaufswagen aus dem Wege und versteckt sie irgendwo. Auf diese Weise hat der Kunde lange vor seinem eigentlichen Dienstantritt Gelegenheit, die Gedanken beziehungsweise den Blick schweifen zu lassen. Auf vergilbter Pappe entdeckte ich die Losung: »Ein volles Sortiment – Ihr Wunsch, unser Ziel!« Sie wissen es also, dachte ich beglückt, sie wissen nur noch nicht, wie sie es anstellen sollen!

Der Gang zum Fleischstand ersetzt mir meistens eine Diät-Kur. Ein Blick, und ich bin satt. Es klappte auch diesmal. Auf meine Frage, was denn wohl das durchgedrehte weiße Zeug mit den rosa Sprenkeln darstelle, antwortete die Verkäuferin ohne rot zu werden: »Hackepeter.« Ich floh aufs Wort.

Und zwar zu jenem Regal, vor dem ich früher oft überlegt hatte: Nimmst du nun Erdbeer- oder Kirsch-, Blaubeer- oder Aprikosenkonfitüre? Auch dieses Problem ist seit langem gelöst. Nachdem ich einige Dutzend der fest am Boden klebenden Gläser abgerissen, sie sorgfältig gereinigt und so ihren Inhalt ermittelt hatte, entschied ich mich wie immer für den Schlager der Saison: Mehrfruchtmarmelade.

Selbst das Angebot der Firma KIM konnte mich nicht schrecken. Beim Suchen nach ganzen Eiern fühlte ich mich gar an österliche Freuden meiner Kindheit erinnert. Als ich das gewünschte Dutzend beisammen hatte, schrubbte ich mir in meinem Wassereimerchen ausgiebig den Glibber und die Salmonellen von den Händen.

Ein langhaariges Käsemädchen aus dem Delikat-Programm raunzte mich an: »Mit die Nummer könnse vielleicht im OP ufftreten, aber nich beim Stadtbezirkssieger für vorbildliche Lebensmittelhüjiene!«

Am Stand mit den Molkereiprodukten herrschte Gedränge, denn es gab diese kleinen Kästchen, die mit unzerreißbarer Plastfolie zu Großblockbauteilen verschweißt sind, Während ich meine Papierschere zum Einsatz brachte, schrie ein kleiner Junge:

»Gugge Babba, die Dande verwäggselt die gute Garamellmilch middn Ausschneidebochen!«

Der Vater hievte noch einen zweiten Quader auf sein Wägelchen und erklärte dem Kind: »Es wird 'ne Hiessche sein, die gönn sich den Luxus leisten, für sich ganz alleene einzugoofen.«

Das real existierende Gemüseangebot wirkte durch raffiniert angebrachte Spiegel ausgesprochen üppig, seine Vielfalt hielt sich jedoch in Grenzen. Lediglich der Kohl schoß ins Kraut, und zwar in den Varianten rot, weiß und sauer. Nachdem ich einige der dazwischen verteilten Schwarzwurzeln durch Beklopfen mit der Buddelschippe von ihrer Erdkruste befreit hatte, entpuppten sie sich als Mohrrüben. Noch ehe ich ihrem Zauber erliegen konnte, wurde ich magisch vom irritierenden Duft angezogen, der zwei großen Körben entströmte. Der eine enthielt gelblichen, der andere grünlichen Modder. Mit Hilfe der Gummihandschuhe, die mir meine Ärztin einmal für zwei Distelkarten überlassen hatte, grub ich aus der Eierpampe ein paar Zwiebeln und aus dem Kuhmist etwas Rosenkohl. Nun mußte ich nur noch in den Käfig eindringen, in dem die Kartoffeln ihr faules Leben fristen. Ich entnahm vier aufgerissenen 5-Kilo-Beuteln den für menschlichen Genuß noch zumutbaren Inhalt. Es waren genau acht Pfund.

Danach verleimte ich noch etliche schwanzwedelnde Klorollen mit Duosan, heftete Gewürztütchen mit dem Klammeraffen zu, packte defekte Mehl- und Zuckertüten in klarsichtige Frischhaltebeutel um und schloß mich endlich der Wartegemeinschaft vor einer Kasse an.

»He, Sie da mit det ville Sturmjepäck«, rief die Kassiererin, »hinter Ihnen is Schluß, verstanden?«

Ich bestätigte den Befehl und wechselte das Standbein. Da ich mittlerweile fast zwei Stunden lang strammen Kundendienst getan hatte, geriet ich in diesen leicht somnambulen Zustand, der eine gewisse Blutleere im Kopf auslöst und sich in verhalten blödem Grinsen äußert. Außerdem faszinierten mich zwei große Gittercontainer, angefüllt mit braunem beziehungsweise weißem Kohlenanzünder. Wer mochte derlei in unserem fernbeheizten Neubaugebiet wohl kaufen? Die Datschenbesitzer? Oder handelte es sich um ein Sonderangebot für jene Einkaufstouristen, die wenigstens einen Teil der nach Berlin verfrachteten Waren wieder an ihre Herstellungsorte zurückholen?

Mitten in meine Überlegungen platzte eine wütende Stimme. »Sind Sie blind oder bloß'n bißken zurückjeblieben? Ick hab' doch wohl deutlich jesagt, det sich hinter Ihnen keener mehr anstellen soll!«

Doch noch ehe ich dieser unverschämten Frust-Pute einen DDR-typischen Einlauf machen konnte, war mir der Wind schon wieder aus den Segeln genommen. Aus dem Kaufhallenlautsprecher erklang nämlich jenes kleine, tröstende Liedchen, das längst an die Stelle unserer textlosen Nationalhymne getreten ist: »Don't worry, be happy!«

Geschrieben im Frühjahr 1987.
Ebenfalls häufig vorgelesen,
im Palast der Republik 1988.
Veröffentlicht in Heft 50/89
im »Eulenspiegel«.

Streß im Wandel der Zeiten

Als ich noch eine ausgewiesene, also durch Personalausweis amtlich beglaubigte DDR-Bürgerin war, stieg mein Adrenalinspiegel oft mehrmals am Tag in den roten Bereich. Vor Aufregung und Wut über den vielfältigen Alltagsstreß.

Stetig fließende Lava aus dem Politbürokrater sorgte für ungesundes Klima. Allgemeine Unfreundlichkeit zeugte Aggressionen fort und fort. Fehlplanung führte zu Mangelwirtschaft, diese wiederum zu einer seltsamen Form der Zwangskollektivierung: der sozialistischen Wartegemeinschaft.

Aber Streß kann auch produktiv sein, indem er abhärtet und erfinderisch macht. Weil wir immer mit allem rechneten, selbst mit dem Guten, wurden wir zum Land der Beuteldeutschen. Für den Fall, daß es überraschenderweise etwas gab, das es üblicherweise nicht gab, ging man nicht ohne Beutel aus dem Haus. Geld konnte getrost mitgeführt werden, denn die Anzahl der Taschendiebstähle hielt sich in Grenzen.

Die DDR war auch das Ursprungsland der Beziehungskisten. Das Allheilmittel Vitamin B (= Beziehungen) stand im Range einer konvertierbaren Währung. Wer einen kannte, der einen kannte, und dem bot, was jener brauchte, bekam unter Umständen, was er selbst haben wollte. Eine etwas komplizierte Art der Akkumulation, aber nicht ohne Unterhaltungswert. Auch der psychologische Effekt beim

Eintritt des Erfolgserlebnisses sollte nicht gering veranschlagt werden.

Dieser Streß mit seinen negativen und positiven Auswirkungen ist untergegangen wie seine dreibuchstabige Nährstatt.

Leider gehöre ich nicht zu den wenigen Vielen, denen es nach Auskunft der DDR-Abrißbirne Kohl jetzt besser, sondern zu den vielen Niemanden, denen es schlechter geht. Dennoch bin ich reicher geworden. Reicher an Streß.

Es sind Aufregungen ganz neuer, ungewohnter Art, die jetzt meine Adrenalinschübe bewirken. Das erste Mal geschah es genau drei Wochen nach der offiziellen Halbierung meiner Ersparnisse.

Ich war gerade in der Küche beschäftigt, als es klingelte. Vor meiner Wohnung in einem der schmucken Betonklötze in der Leipziger Straße stand ein Handwerker. Ob ich das Türkettenschloß nun haben wolle oder nicht, fragte er mit dem diskreten Charme des Berliners.

Ich wollte. Und gedachte voller Dankbarkeit meines rührigen Hausmeisters, der mir seit vielen Jahren alle angeforderten Handwerker schickt. Es genügte immer, ihm ein Zettelchen in seinen Briefkasten zu stecken. Aber hatte ich diesmal überhaupt ein solches ausgefüllt?

Der Handwerker füllte das seine aus, das ich blind (wo lag die Brille?) unterschrieb. Egal. Bei meinem letzten Gang durch ein Eisenwarengeschäft waren solche Einbruchshemmer noch für etwa 48 DM zu haben gewesen.

Drei Tage später kam ein Westberliner Handwerksmeister und legte meine Tür an die Kette. Kostenpunkt: 209,76 DM. Ich zitterte und zahlte. Lehrgeld!

Als ich das nächste Mal öffnete, überreichte mir ein spindeldürrer junger Mann einen kitschigen Glasbehälter mit einer pinkfarbenen Kerze darin. »Womit habe ich denn das verdient?« fragte ich entsetzt. »Indem Sie eine dieser interessanten Frauenzeitschriften abonnieren«, antwortete er und verwies auf eine schauerliche Blütenlese aus dem Regenbogenwald. »Ich lese, wenn überhaupt etwas von drüben, bestenfalls ‚Stern‘ und ‚Spiegel‘«, sagte ich kühl.

Schon begann er, eine diesbezügliche Liefervereinbarung auszufüllen. Mein Protest trieb dem dünnen Drücker, der von den Unterdrückungsmethoden seines Chefs berichtete, die Tränen in die Augen. Da ich weinende Männer nicht ertragen kann, unterschrieb ich. Kurz danach gleich noch einmal, nämlich die Widerruferklärung an den entsprechenden Westberliner Buch- und Zeitschriftenvertrieb. Ich zitterte und bezahlte die Einschreibgebühr. Gewissermaßen Strafporto.

Wenn ich früher Bargeld brauchte, ging das völlig streßfrei vonstatten. Ich beschriftete einfach einen Postscheck und löste ihn auf einem beliebigen Postamt ein. Anfang des Jahres 1991 verfügte das Westberliner Postgiroamt, daß ich mich künftig für eine einzige Auszahlstelle entscheiden müsse. Ich wählte das mir naheliegende Postamt in der Leipziger Straße.

Mein Wunsch mußte unberücksichtigt bleiben, denn ich hatte die mir ungeläufige Amtsnummer des Postamtes nicht angegeben. Die von mir untertänigst, selbstredend schriftlich erbetene Korrektur erfolgte. Wenn auch erst nach wiederholter Bittstellung. Und nicht gerade prompt, sondern 12 Wochen später. Dafür aber ohne anbiedernische Entschuldigungsversuche.

Derlei Nervenberuhigungsmittel stehen meinen überlasteten Sparkassenwarten in der Leipziger ebenfalls nicht zu Gebote. Allerdings hatte ich sie auch mit einer Ungeheuerlichkeit behelligt: Ich wollte meiner Tochter mein Sparbuch übertragen. Nach mehrstündiger Wartezeit erheischte ein smarter Typ Auskunft über die Motive für solchen Quatsch. Ich gestand, als Erblasserin scharf auf einen *warmen* Händedruck zu sein. »Das macht aber sehr viel Arbeit, was Sie sich da ausgedacht haben«, rügte er mit grimmigem Blick auf seine Uhr. Und ließ uns bis Schalterschluß unbezahlten Dienst als Kunden tun.

Nach mehrwöchiger Krankschreibung infolge ständig steigender Streßrationen ging ich mit allen Unterlagen zu meiner AOK-Versicherungsstelle. Die zuständige Angestellte mochte nicht glauben, daß eine freiberufliche Schriftstellerin pflichtversichert ist, also schon ab erstem Krankheitstag Anspruch auf Krankengeld hat. Trotzdem war sie schließlich bereit, einschlägige Erkundigungen einzuholen. Daß ich recht gehabt hatte, stimmte sie nicht gnädiger. Sie schob mich auf jene lange Bank, auf der ich in den folgenden anderthalb Stunden bis zur Weiterbehandlung warten durfte.

Und wieder wurde mir schmerzlich bewußt gemacht, wie wenig ich den Anforderungen unserer gewendeten Verwaltungsmaschinerie gewachsen bin. »Warum«, fragte mich die nächste Fachkraft, »haben Sie weiterhin Ihre Krankenversicherungsbeiträge überwiesen, obwohl Sie doch im Krankheitsfalle davon befreit sind?«

Da ich vorher nicht wissen konnte, wie lange ich krankgeschrieben sein würde, war mir dies logisch erschienen. Ich glaubte einfach, die überzahlte Summe würde mir, wie in alten Zeiten, zurückerstattet.

»Dann sehen Sie mal zu«, sagte die Vertreterin der Firma, die mir auf Plakaten »Ein Leben lang Schutz und Sicherheit« verspricht, »von wem Sie Ihr Geld wiederkriegen.«

Am Rande eines Nervenzusammenbruchs begab ich mich zur AOK-Zentrale am Westberliner Mehringplatz. Hilfreiche Menschen geleiteten mich durch das Labyrinth bis ins Zimmer des Zuständigen, eines Herrn Lichtner.

Es war fünf Minuten vor Büroschluß. Worauf Herr Lichtner übrigens nicht hinwies. Geduldig lauschte er der Schilderung meines Problems. Als ich hinzufügte, ich hätte dummerweise auf die Fortführung alter, in der DDR bewährter Verfahrenswege gehofft, lächelte er fein und sagte: »Genau so machen wir es. Es entspricht den Gesetzen der Logik.«

Vielleicht kann man sich ja unter gewissen Umständen auch an den neuen Streß gewöhnen.

1991

Es klingelte, und da war ich schon sauer. Unangemeldeter Besuch will meistens was kassieren oder mich ultimativ zu irgendwelchen Verschönerungsarbeiten im Wohngebiet abkommandieren.

Vor der Tür stand ein knubbeliges Muttchen in den letztbesten Jahren. »Erinnerste dir nich?« rief sie. »Ick bin doch die Anneliese. Ne Zeitlang ham wir beede dieselbe Schulbank jedrückt, und außadem war meine Oma deine Oma ihre richtigjehende Cousine dritten Grades.«

Ich hatte nicht die Spur einer Erinnerung an das steinalte Kind aus meiner Klasse. Da die entfernte Verwandte offenbar nicht daran dachte, sich so bald wieder zu entfernen, bat ich sie wohl oder übel in die Wohnung.

»Ick hätte mir ja ooch nich mehr uff dich besinnen können«, räumte Anneliese ein, »aber meine Kinder ham dir doch neulich ausjebuddelt. Allerdings biste gleich uff den Haufen mit die Ausschußadressen jelandet.«

»Interessant«, sagte ich, »und wie darf ich das verstehen?«

»Na is doch klar wie Knorr-Instantbrühe. Allet, wat nich inne Valutajejend wohnt, is für die Ausschuß. Und du bist nu mal Bürjerin eines sozialistischen Währungsjebiets.«

Ich maß sie mit einem Blick, mit dem uniformierte Staatsorgane die Klärung eines Sachverhalts einzuleiten pflegen.

»Um Jottes Willen«, wehrte sie ab, »so war det doch nich jemeint! Nur, seit det nu allet lockerer jeworden is mit den janzen Reiseverkehr, buddeln meine Jören wie die Irren nach Westverwandtschaft. Die führen sich uff wie damals die Joldgräber von Silverado. Leider finden se aber öfter wat, und denn bin ick die Doofe und spiel für die gierije Bande den Reisekader.«

Nun begriff ich überhaupt nichts mehr. Anneliese klärte mich auf. Ihr Sohn arbeitete in einem Forschungslabor und sei gerade dabei, eine sensationelle Erfindung zur Produktionsreife zu bringen. Wenn sie es richtig verstanden habe, handle es sich um ein sammetweiches, doppelwandiges Toilettenpapier, das sich sogar stückchenweise an den dafür vorgesehenen Stellen abreißen lasse. Seiner Frau, also ihrer Schwiegertochter, könne er mit dieser Spitzenleistung sozialistischen Forschergeistes allerdings kaum ein müdes Lächeln abgewinnen. Schließlich sei sie am Checkpoint Charlie beim Zoll beschäftigt.

»Jet dir nu endlich 'n Seifensieder uff?« insistierte Anneliese. »Die beeden können natürlich nich reisen, weilse doch so schwer an ihre Jeheimnisse tragen. Früher hatten wir ja jakeene Westverwandtschaft, aus Fragebogengründen. Aber seit nu ooch Stiefonkels und Schwippschwäjer jülden, grasen meine Kinder die janze Ahnengalerie ab. Bei der Jelejenheit sindse natürlich ooch uff DDR-Muschpoke jestoßen, zum Beispiel uff dir.«

Ich heuchelte Freude über den glücklichen Zufall und kochte erst einmal Kaffee. »Mit Jacobs Krönung kann ich allerdings nicht dienen«, sagte ich spitz. »Macht nischt«, sagte Anneliese, »den krieg ick rejelmäßig bei mein Neffen und seine Familie in Hamburg. Mit Kaffe warn die schon immer pingelig. Nur der beste durftet sein, und davon nich zu knapp. Ansonsten stammense eher vonne schottische Linie ab. Jedesmal vorm Mittagmachen fragt mich mein Neffen seine Frau, wieville Kartoffeln ick esse. Also darüber hatt ick mir noch nie 'n Kopp jemacht. Kartoffeln werden bei denen nämlich fast zum Joldpreis jehandelt. Bei uns sindse billig, nur leider nich sehr erjiebig. Zwee Drittel Abfall, een Drittel Jewinn. Ma abjesehn davon, Einkoofen is für mich überall 'n Horrortrip, weil ick doch so mit meine Hühneroogen zu tun habe.«

Ich war der Meinung, daß bei dem Angebot in der BRD das leidige Anstehen doch gewiß entfalle, aber Anneliese winkte ab. »Wat heißt hier Anjebot! Meine Verwandten kennen nur Sonderanjebote. Dafür machense jeden Morjen erstma ne halbe Stunde Zeitungsschau. Allet, wat den Tag besonders preiswert is, wird anjestrichen, und denn wird die verkehrsgünstigste Route zusammenjestellt. Den größten Teil loofen wir natürlich, denn zu zweet kost ne Busfahrt gleich 5,40 DM. Für det Jeld kann ick mein Jungen schon wieder 'n Taschenrechner mitbringen oder meine Schwiejertochter fünf Paar Strumphosen.«

Ich fand es unverschämt von ihren Kindern, die Mutter derart auszunutzen.

»Et is eben kompliziert«, sinnierte Anneliese. »Die jungen Leute sitzen mit ihre schöne Weltanschauung zu Hause, und ick muß mir mit meine ollen Hühneroogen die Welt anschauen. Nu hoff ick ja immer noch, det mir die Polizei mal 'n Strich durch die Rechnung macht. Aber erst jestern hamse mir wieder ne Reise nach Düsseldorf zu mein Bruder sein

Patenkind jenehmigt. Wie ick die Olle uffen Revier frage, warum denn nu schon wieder, antwortet die janz eisjekühlt: Bürgerin, wir sind nicht verpflichtet, unsere Entscheidungen zu begründen!«

Ich gab zu bedenken, daß Polizisten schließlich auch nur Geheimnisträger seien und nicht jedem alles auf die Nase binden könnten.

»Im Prinzip hab ick ja nischt jejen Verreisen« sagte Anneliese, »nur jejen die Strapazen und det man so abhängig is von die Gnade der werten Verwandtschaft. Deshalb hab ick mir ja ooch die janzen Ausschußadressen untern Nagel jerissen. War sogar ne echte Cousine aus Dresden bei, und so bin ick doch nu endlich mal in die berühmte Kunstadt jewesen.«

Ich staunte, daß die biedere Anneliese auch ein paar kulturelle Interessen an den Tag legte. »Wart ihr denn auch in der Gemäldegalerie oder gar in der Semperoper?« wollte ich wissen.

»Det nu wenijer«, gestand Anneliese, »ick wollte mir ja erholen, schon wejen die Hühneroogen. Mit die Einkooferei hat ooch allet prima hinjehauen. Sonderanjebote jibts da sowieso nich, jenau jenommen kannste nich mal direkt von Anjebote reden. Trotzdem hat meine Cousine immer wat Schnucklijet jekocht, ohne abjezählte Kartoffeln. Aber det Beste war ja denn abends jewesen.«

»Wieso?« fragte ich. »Ich denke, ihr seid überhaupt nicht ausgegangen?«

»Na nee«, bestätigte die Mutter des Erfinders und die Schwiegermutter der Zöllnerin. »Eijentlich hab ick ja nischt anderet jemacht als wie zu Hause mit meine Kinder: den lieben langen Abend in die Röhre jeglotzt. Und trotzdem waret mal janz wat anderet jewesen. In Dresden empfangen die nämlich zwee irre komische Sender, die hatt ick vorher mein janzet Lebetag noch nie jesehn.«

Geschrieben im Frühjahr 1989.
Diese Kurzgeschichte war
mein Beitrag zur letzten
»Lachen und lachen lassen«-Veranstaltung
im Palast der Republik
im September 1989.
Veröffentlicht wurde sie nicht mehr,
da der Bezirk Dresden, jahrzehntelang
das »Tal der Ahnungslosen« genannt,
unmittelbar nach der »Wende«
zum Einstrahlungsgebiet
des Westfernsehens avancierte.

Im allgemeinen bin ich ein verträglicher Mensch. Ich warte geduldig, bis die Fahrkartenverkäuferin den Plausch mit ihrer Kollegin beendet hat, verzehre kalt serviertes Essen protestlos, ohne dann heimtückisch am Trinkgeld zu sparen, und habe mich vor Behördenschaltern und Registrierkassen als disziplinierter Schlangenmensch bewährt. Aber die menschliche Natur ist ein unerforschtes Land. Plötzlich tun sich Abgründe auf, und man steht am Kraterrand der eigenen Seele.

Mich ereilte die Katastrophe an einem gewöhnlichen Nachmittag in meiner Kaufhalle. Ich hatte einen sogenannten mittleren Einkauf getätigt, also weder nach Delikat-Pilsner noch nach importierten Konfektkästen gegriffen, sondern lediglich Brot, Butter, Milch und andere Billigwaren ins Wägelchen praktiziert. Die junge goldblonde Kassiererin vom Stamme der punkfeindlichen Popper unterzog sich erst gar nicht der Mühe des Umlagerns in den bereitstehenden Zweitwagen. Wieder und wieder huschte ihr behendes Linkshändchen über meine Waren des täglichen Bedarfs. Die Preise entnahm sie einem entrückten Blick ins Leere. Schließlich resümierte ihre Kasse eine Endsumme, die mir nun doch stark aus der Luft gegriffen vorkam. Und da muß in meinem sonst so kundendienstfertigen Gesicht irgendein Zug entgleist sein.

»Is wat?« erkundigte sich die Poppermaid.
»47 Mark 50«, sagte ich ungläubig.
»Donnerwetter«, entgegnete die Schöne, »lesen könnse also.«

Ich spürte, wie meine Adrenalinpumpe ansprang.
»Rechnen auch, Verehrteste! Deshalb hätte ich gern den Kassenzettel.«

Ihr Gesicht nahm den Ausdruck einer stomatologischen Schwester an, die gerade eine Spritze aufzieht.
»Hat inne Schule wohl doch nich janz hinjehaun, wa? Wat steht denn hier jroß und breit jeschriem? KASSE LÄUFT OHNE BON!«

Widerwillig wich ich der Übermacht hinter mir parkender Wagenschieber. Zu Hause nahm ich Zettel und Bleistift, legte den Finger auf jeden Posten und prüfte die Rechnung. Mehrmals. Doch stets ergab sich eine Endsumme von 37 Mark und 50 Pfennigen.

Wie gesagt, ich bin sonst nicht so. Aber an diesem Tag ritt mich der Teufel. In Minutenschnelle hatte ich nicht nur die Telefonnummer der Kaufhalle ermittelt, sondern auch deren Leiter an der Strippe. Meine Beschwerde über die bonlose Halsabschneiderin versetzte ihm einen Schock. Immerhin seien sie als mehrfach ausgezeichnetes sozialistisches Handelskollektiv stets siegreich aus dem Titelkampf hervorgegangen. Und nun diese Schande!

Ich versuchte, ihn zu beruhigen, indem ich erklärte, daß mir das Recht auf Reklamation nur innerhalb der Halle zustünde, ein Regreß also juristisch überhaupt nicht haltbar sei. Es half alles nichts, der Kaufhallenleiter bestand auf Wiedergutmachung.

Eine halbe Stunde später klingelte die Kassiererin an meiner Wohnungstür. Ihre sonst so gepflegte Poppermähne stand punkartig zu Berge. Tränen des

Zorns hatten schwarze Tuschespuren in ihre Wangen gekerbt, und unter grünen Lidschatten schossen mordlüsterne Blicke auf mich hernieder. Stumm überreichte sie mir ein Kuvert, welches eine schriftliche Entschuldigung des Kaufhallenleiters, einen nagelneuen Zehnmarkschein sowie die Mitteilung enthielt, bewußte Kollegin habe bis eben am Pranger ihres Kollektivs gestanden und befinde sich nun auf dem Wege der Besserung. Tief zerknirscht wollte ich ihre Ankunft in Canossa zu einer menschlich-herzlichen Begegnung am Kaffeetisch umfunktionieren, aber sie lehnte die Einladung strikt ab und verschwand grußlos.

Ich zwang mein aufgewühltes Innenleben zur Ruhe und überdachte die Ereignisse. Einer jungen Mitarbeiterin, vermutlich noch in der Ausbildung stehend, gestreßt von den täglichen Widrigkeiten des sozialistischen Einzelhandels, war also ein kleiner Fehler unterlaufen. Und ich hatte die Bagatelle an die große Glocke gehängt, gewissermaßen ein Schnellgerichtsverfahren ausgelöst und der jungen Kollegin empfindlich ins Lehrlingsportemonnaie gegriffen. Wie sollte mir solcher Frevel vergeben werden? Gewiß hatte mich die Gemaßregelte längst ihren Kolleginnen beschrieben. Und die würden mich schon wiedererkennen, denn dank meiner gefräßigen Familie bin ich schließlich Stammgast in der Kaufhalle.

Die Folgen lagen auf der Hand. Am Fleischstand würden sich künftig Rouladen und Rumpsteaks vor meinen Augen in Luft auflösen, am Gemüsestand würde der Zustrom von Saisonfrüchten wie Erdbeeren, Pfirsichen und Bananen spontan versiegen. Und an welcher Kasse ich auch Aufstellung nehmen mochte, vor mir würde immer so ein unseliger

Mensch stehen und in den Ruf ausbrechen: »Hier nicht mehr anstellen, hier ist Schluß!«

Eins war klar, ich konnte die Kaufhalle nicht mehr betreten. Ein diesbezügliches Kadergespräch mit meinen Angehörigen endete beschämend. Man zeigte mir einen Vogel, verwies auf die Broschüre »Das Recht des Kunden« und schließlich sogar auf die ausgezeichnete psychiatrische Betreuung in den Ehe- und Familienberatungsstellen. Zu einer Umverteilung der häuslichen Pflichten kam es jedenfalls nicht.

Die nächste Kaufhalle war genau einen Kilometer entfernt. Für einen Spaziergang durchaus empfehlenswert, nicht aber für einen Gepäckmarsch mit Flaschen, Konserven und anderem Sperrgut. Da ich mir diese Strapaze nur gelegentlich zumuten konnte, mietete ich mir dienstbare Geister von unserem Spielplatz, und zwar zu einer Pauschale von zwei großen Softeis pro Gang.

Eines Tages sprach mich eine ältere Dame im Fahrstuhl an. »Sie sind das also«, sagte sie streng, »die meinen Enkel dauernd mit Eis vollstopft. Wissen Sie eigentlich, daß der arme Junge seit drei Tagen mit Bauchkrämpfen im Bett liegt?«

Es war mir entsetzlich peinlich, und ich stammelte etwas von meinen ärztlich beglaubigten Knick-Senk-Spreizfüßen, die mir das lange Anstehen nicht erlauben. Sie war sofort voller Mitgefühl und erzählte mir die Geschichte ihrer Krampfadern. Ebenso ausführlich referierte sie über ihren Schwiegersohn Ekkehard Brömmel, den sie für einen abgefeimten Schluckspecht und Schürzenjäger hielt. Leider sei ihre Tochter, das dumme Luder, dem Kerl total verfallen und traue ihm einfach nichts Böses zu. Sollte sie ihn aber je mit einer anderen erwischen, könne er nicht nur Kind und Komfortwohnung, sondern auch den Trabant und das Wassergrundstück in Klein-Venedig vergessen.

Beim Abschied versprach sie, Ekkehard Brömmel in meine Einkaufsdienste zu stellen, damit ich ein wachsames Auge auf ihn habe und gegebenenfalls Meldung erstatte. So sei beiden Seiten wohlgetan.

Schon am nächsten Tag erschien der junge Mann und erklärte sein prinzipielles Einverständnis, vorausgesetzt, ich würde mich für seine Mühe mit hochprozentigen Naturalien revanchieren.

Von nun an schleppte er sich mit zunehmender Bereitwilligkeit für mich ab, blieb aber nach dem Auspacken jedesmal so lange, bis nichts mehr in den Flaschen war. Schließlich wußte er ja am besten, was wir im Hause hatten.

Der Zustand wurde langsam unhaltbar. Doch da nach den Gesetzen der Dialektik nichts bleibt wie es ist, sollte auch meine Qual ein Ende finden.

Das Wunder geschah an einem späten Nachmittag, als ich mit einer Freundin ein Café besuchte. Der Kellner plazierte uns in eine Nische, in der schon ein heftig knutschendes Pärchen saß, nämlich – der ungetreue Ekkehard und mein blondmähniger Alptraum aus der Kaufhalle. Die beiden sahen mich minutenlang aus schreckgeweiteten Augen an. Dann hatten sie es plötzlich sehr eilig, obwohl ihre Weinflasche noch halbvoll war.

Tags darauf traf ich Ekkehard Brömmel in Begleitung seiner ihn beständig anhimmelnden Frau in unserem Hausflur. Ich begrüßte das Ehepaar herzlich und überreichte dem auffallend bleichen jungen Mann einen Einkaufszettel. Mit zittriger, kaum hörbarer Stimme las er: »Rinderfilet, Schweinefilet, Rosenthaler Kadarka.«

Doch Mitleid konnte ich mir in meiner Situation nicht mehr leisten. Deshalb lächelte ich Ekkehard freundlich an und sagte mit dem obskuren Charme des Erpressers: »Sie werdens schon machen, lieber Herr Brömmel, da bin ich ganz sicher!«

1988

Das Trauma

Die Tour von Niederschönhausen bis zum südlichsten Zipfel Berlins war ziemlich lang; ich hätte nichts gegen ein nettes Schwätzchen mit dem Taxifahrer einzuwenden gehabt. Aber der Mann machte einen äußerst verbiesterten Eindruck. Auf der Höhe von Pankow-Kirche bot ich ihm eine Zigarette an. Er nahm sie geistesabwesend und starrte weiter vor sich hin. Plötzlich hörte ich ihn etwas murmeln. »Wie bitte?« fragte ich höflich.

»Ach nichts«, sagte er, »es war nicht für Sie bestimmt.«

Am Bahnhof Greifswalder Straße unternahm ich einen neuen Versuch. »Ich will ja nicht aufdringlich sein, aber Sie nennen da immerzu eine Zahl...«

Der Fahrer straffte sich. »Sie müssen sich verhört haben«, sagte er. Im Rückspiegel sah ich, daß er die Lippen fest zusammenpreßte.

Als wir an der Ampel Dimitroffstraße hielten, verstand ich ganz deutlich 5151510. Er sprach die Zahl durch die Zähne, aber gut verständlich immer wieder aus. Um ihm entgegenzukommen, schrieb ich auf einen Zettel: 5151510. »Sie wollen diese Telefonnummer bestimmt auf keinen Fall vergessen«, sagte ich freundlich und reichte ihm den Zettel.

Der Taxifahrer duckte sich, als hätte ich ihn von hinten mit einer Pistole bedroht. Er riß den Wagen nach rechts, bog in eine Querstraße ein und hielt mit quietschenden Bremsen. Dann drehte er sich um und sah mich mit schreckgeweiteten Augen an. »Um Gottes willen«, sagte er, »haben Sie sich die Nummer etwa gemerkt?« Während er mich beschwörend fixierte, steckte er den Zettel in den Mund und aß ihn auf.

Ich nahm meine ganze Kraft zusammen. »Guter Mann«, sagte ich in einer Tonart, die ich den Film-Psychiatern abgelauscht hatte, »nun reißen Sie sich doch am Riemen! Zugegeben, im Moment weiß ich die 5 15 15 10 noch auswendig, aber ich versichere Ihnen, noch ehe wir durch Treptow sind, hab ich sie schon wieder vergessen.«

»Darauf kann ich mich leider nicht verlassen«, sagte er unangenehm schrill, »das weiß ich aus eigener Erfahrung.« Er rülpste ein kleines bißchen. »Pardon«, entschuldigte er sich, »der Zettel ist mir wohl nicht bekommen.«

Mir wurde klar, daß ich diesen Menschen seinem Schicksal nicht überlassen durfte. »Haben Sie Zeit für eine kleine Kaffeepause?« fragte ich. Er nickte dankbar, und wir betraten das Restaurant, vor dem er sein Taxi zum Halten gebracht hatte.

Der Ober servierte den Kaffee und ließ uns allein. »Sie werden staunen«, schwindelte ich, »ich habe die Nummer schon vergessen!«

»Wie schön für Sie«, antwortete er, »sie lautet 5 15 15 10.«

Mir wurde langsam heiß. »Nun reden Sie schon«, forderte ich ihn auf.

Der Taxifahrer sah sich ängstlich um. Als er sich vergewissert hatte, daß uns niemand belauschte, begann er: »Zehn Jahre war ich Fahrer vom General. Nein, nicht bei der Armee, bei einer großen Firma, welche tut nichts zur Sache. Ich fuhr also den Gene-

raldirektor Pau..., aber der Name tut nichts zur Sache. Ich hab sowieso immer General zu ihm gesagt, was er nicht leiden konnte. War ein feiner Kerl, der General, nicht ein bißchen großkotzig, dafür aber sehr großzügig. Immer hat er alles bezahlt, auf Dienstreisen und so. Wir haben uns auch geduzt, richtig wie Freunde, dabei war er mir mit seiner Bildung haushoch überlegen. Wirklich, ein fabelhafter Junge, der General. Vom Achtstundentag hat der nichts zu spüren bekommen, aber mich hat er nie warten lassen. Wenns länger dauerte, hat er sich ein Taxi genommen, auf eigene Rechnung. So war der General.«
»Gut«, sagte ich, »ein feiner Kerl also. Aber was hat das mit der verdammten Nummer...«
Er legte mir erschreckt die Hand auf den Mund. »Nicht aussprechen! 5151510. Also, der General. Ich war wirklich gern bei ihm. Und er hat mir vertraut wie einem Bruder. Außer mir wußte kein Aas die Sache mit Gitti.«
»Mit Gitti?«
»Seine frühere Sekretärin. War schon lange nicht mehr bei ihm, aber er kümmerte sich um sie. Er war eben treu, mein General. Seine Frau durfte das natürlich nicht wissen, Frauen sind da gleich komisch. Aber ich wußte es. Hab ihn immer hingefahren. Und Blumen für Gitti besorgt. Und wenn er mal nicht konnte, mußte ich sie anrufen. Ich war der einzige, der die Nummer kannte: 5151510.«
»Großer Gott«, sagte ich, »und das ist die ganze schreckliche Geschichte?«
»Sie kennen meinen General nicht«, sagte er, »ein Muster an Korrektheit, Moral und so weiter. Dem konnte keiner was am Zeug flicken. Voriges Jahr habe ich aufgehört. Es war wegen meinem Schwager,

ein Taxifahrer. Sein zweiter Mann ging auf Funktaxe, und er bekam keinen Ersatz. Ich hab mich mit Händen und Füßen gewehrt, weil ich doch bei meinem General bleiben wollte, aber meine Frau hat mich gezwungen. Es ist ihr einziger Bruder.«
»Und der General hat Sie so einfach gehen lassen?« wunderte ich mich.
»So einfach nicht. Wir haben beide fast geheult. Aber der General ist ein Familienmensch, er wollte meiner Frau nicht weh tun. Als wir uns verabschiedeten, hat er kaum ein Wort rausgebracht, nur, daß ich Gittis Nummer vergessen soll. Die darf keiner erfahren, sonst kommt der General in die Bredouille. Ich hab zu ihm gesagt, General, hab ich gesagt, mein Zahlengedächtnis ist ein Sieb. Ich kann mir weder den Geburtstag meiner Frau noch meinen eigenen merken, vom Hochzeitstag ganz zu schweigen. Wenn ich zu Hause anrufen will, muß ich im Telefonbuch nachschlagen. Sei ganz beruhigt, General, hab ich zu ihm gesagt, Gittis Nummer ist für alle Zeiten ausradiert. Da hat er mich noch einmal an sich gedrückt und gesagt, er ist in meiner Hand, aber er vertraut mir blind.« Der Taxifahrer fuhr sich verstohlen über die Augen und räusperte sich.
»Und nun?« fragte ich atemlos.
»Und nun«, antwortete er, »werde ich diese Nummer nicht mehr los. 5151510. Seit einem Jahr bin ich weg vom General, und seit einem Jahr sitzt mir die Nummer wie ein Tumor im Kopf. Erst dachte ich, ich werd verrückt. Aber wenn ich sie ausspreche, wird mir leichter. Ich erwische mich dabei, daß ich sie auf die beschlagenen Autoscheiben male. Einmal hab ich sie sogar in den Schnee gep..., aber das tut nichts zur Sache.«
»Ich bitte Sie«, sagte ich, »sprechen Sie doch mit Ihrem netten General, er wird eine Lösung finden.«

»Nie!« brauste der Taxifahrer auf. »Das würde ich niemals tun! So ein Vertrauensbruch – nein, das könnte ich nicht überleben.«

»Dann gibt es nur noch eine Möglichkeit: Sie müssen Gitti anrufen. Soll sie sich doch eine andere Nummer geben lassen.«

Der Taxifahrer sah mich entgeistert an. Nach einer langen Schweigeminute sagte er zaghaft: »Geht das? Meinen Sie, ich sollte wirklich?«

»Los«, sagte ich, »in der Ecke ist eine Telefonzelle!«

Mit zitternder Hand nahm er eine Münze aus seiner Tasche und verschwand in der Zelle. Kurz darauf kam er zurück, völlig verändert. »Kein Anschluß unter dieser Nummer«, sagte er erlöst.

»Unter welcher Nummer?« erkundigte ich mich vorsichtshalber.

Aber er hatte sie schon vergessen.

1975

Verkaufsgespräche

Immer wieder hört man Klagen über die Verkaufskultur in unseren Geschäften. Die Verkäuferinnen seien unhöflich, wird gesagt. Heerscharen wütender Kunden belegen sie mit Adjektiven wie pampig, mißlaunig, tranig, desinteressiert, unverschämt, ahnungslos und so weiter. Diese Behauptungen sind, von einigen wenigen, nicht ins Gewicht fallenden Ausnahmen abgesehen, einfach unwahr.

Ich habe mir die Mühe gemacht, in den vier großen Dialektbereichen der DDR Studien zu treiben, und bin zu dem Schluß gekommen, daß die Verkäuferinnen in Sachsen, Thüringen, Mecklenburg und Berlin nicht unhöflicher, pampiger, mißlauniger und so weiter sind als alle anderen Sachsen, Thüringer, Mecklenburger und Berliner auch. Das Ganze ist nur eine Frage der Mentalität.

Sächsische Verkäuferinnen sind von Natur aus mütterlich und gemütlich. Ihre Gemütlichkeit hört allerdings auf, wenn der Kunde auf das mütterliche Erziehungsbedürfnis der Verkäuferin einfach pfeift. Ein Beispiel:

Kundin: »Ich möchte gern diese Hose kaufen.«

Verkäuferin: »Die da? Die Sie da in dr Hand haldn? Die gannch Ihn ni gähm.«

Kundin: »Und warum nicht, bitte?«

Verkäuferin: »Weise Ihn ni baßd. Das issene achtndreißsch, un Sie habn karandiert ne viernvärzsch.«

Kundin: »Ich möchte die Hose trotzdem kaufen!«

Verkäuferin: »Horschense, meine Tame, das is Pledsinn. Die baßd ihn nie im Lähm. Die verkofsch Ihn ni.«

Kundin: »Na hören Sie mal, das ist doch wohl meine...«

Verkäuferin: »Glor isses Ihre Angelächenheid, ar wennse nachens rumloofen wie äne Worschd unds fälld der Nome von unsern Lodn, sin mir die Dummn. Mir ham schließlisch eine berodende Funkschion!«

Natürlich könnte die Kundin der Verkäuferin klarmachen, daß die Hose nicht für sie selbst, sondern für ihre Tochter bestimmt ist. Eine sächsische Kundin tut dies augenblicklich, worauf die Verkäuferin gemütlich und mütterlich über ihre eigene Tochter zu sprechen beginnt, sachdienliche Fragen über die Tochter der Kundin stellt, über die restlichen Töchter des Landes sowie über die dazugehörenden Hosen meditiert und das gewünschte Stück schließlich sorgfältig verpackt. Die beiden scheiden als Freundinnen. Eine Berliner Kundin hingegen verläßt das Geschäft eingeschnappt und hosenlos. Sie ist überzeugt davon, daß sächsische Verkäuferinnen noch unhöflicher sind als solche aus Berlin.

Thüringer Verkäuferinnen verhalten sich, wenn sie aus der Erfurter oder Geraer Ecke stammen, ähnlich wie ihre sächsischen Kolleginnen. Wird ihnen dergleichen jedoch bestätigt, fühlen sie sich in ihrem Nationalstolz verletzt und reagieren ausgesprochen unfreundlich. Ob Thüringer Verkäuferinnen also gemütlich und mütterlich sind, hängt ausschließlich vom psychologischen Geschick des Kunden ab.

Verkäuferinnen aus Mecklenburg haben vor allem die Ruhe weg. Ohne diese Ruhe wären sie nämlich nicht imstande, Kundinnen aus Mecklenburg zu bedienen. Ein Beispiel:

Vor dem Pulloverstand eines mecklenburgischen Kaufhauses wartet geduldig eine endlose Käuferschlange. Die erste Kundin wühlt in einem großen Haufen Pullover. Nach zehn Minuten nimmt sie einen davon in die Hand und sieht ihn durchdringend an. Die Verkäuferin tut desgleichen.

Kundin: »Ob ich den wohl nehme, Frrollein? Würden Sie den wohl auch mögen?«

Verkäuferin: »An und für sich wird er immer gern genommen.«

Kundin: »Gefällt er Ihnen denn nich, Frrollein?«

Verkäuferin: »Doch, er gefällt mir schon. Auch vom Material her fühlt er sich ganz fein an, sehn Sie mal!«

Kundin: »Tscha, ob der mir wohl steht? Halten Sie sich den Pullover doch eben mal an, Frrollein.«

Die Verkäuferin hält sich den Pullover vor die Brust. Die Kundin sieht ihn durchdringend an. Die Verkäuferin steht gelassen und unverkrampft, bis die Kundin herausfindet, ob ihr der Pullover wohl steht. Nach weiteren zehn Minuten nickt sie mit dem Kopf.

»Tscha, Frrollein, ich glaube wohl, daß mir der Pullover gut zu passen käme, aber ich nehm denn doch wohl lieber ein Nachthemd. Halten Sie sich das Hellgrüne mal eben an?«

Die mecklenburgischen Kundinnen in der Warteschlange stehen gelassen, bis auch sie herausfinden dürfen, ob auch ihnen irgendein Kleidungsstück wohl steht. Kundinnen aus schnellsprachigeren Gegenden verlassen wütend das Kaufhaus.

Berliner Verkäuferinnen nehmen übel, daß sie überhaupt Verkäuferinnen sind. Sie hätten nämlich eigentlich ganz was anderes werden können, auf jeden Fall was Besseres. Aber nun sind sie Verkäuferinnen, und darüber ärgern sie sich besonders, wenn jemand was von ihnen kaufen will. Andererseits macht der Berliner im allgemeinen wie auch die Verkäuferin im besonderen nicht viele Worte. Sie knallt das Gewünschte entweder stumm auf den Ladentisch oder erklärt bündig: »Ham wa nich!«

Wenn jedoch eine Berliner Verkäuferin eine andere Berliner Verkäuferin fragt, wie denn so das Wochenende verlaufen sei, vergißt sie augenblicklich ihr schweres Verkäuferinnenlos. Dann wird sie Mensch und gesprächig. Kundinnen von außerhalb, insonderheit solche aus Mecklenburg, sind dieser Berliner Verkäuferinnen-Eigenheit nicht gewachsen. Dazu fehlt ihnen einfach die nötige Ruhe.

1974

Die schwatzhaften Sachsen

In der letzten Sekunde vor Abfahrt des Zuges hopste eine mit Taschen, Beuteln und einem beträchtlichen Eigengewicht bepackte ältere Dame ins S-Bahn-Abteil. Nachdem sie sich ein wenig verschnauft hatte, ging sie zu einer Bank, auf der neben einem BZ-lesenden Möbelträgertyp noch ein freier Platz war. Sie klopfte vorsichtig gegen die Zeitung und sagte höflich: »Se wärn endschuldschn, mei Härr, is dieser Blads besädzd?«

Der Möbelträgertyp riß sich von den Wohnungsanzeigen los und sah die Frau entgeistert an. Als ihm der Inhalt ihrer Frage endlich aufgegangen war, holte er tief Luft: »Na klar, Mutterken, det sehnse doch, uff diesen Platz sitztn großer weißer Elefant und strickt Strümpe.«

Im molligen Gesicht der älteren Frau verzog sich die freundliche Miene zu einer nachhaltig schmollenden. Mit all ihren Taschen und Beuteln machte sie auf dem Absatz kehrt und suchte sich einen anderen, nun aber garantiert freien Platz.

Der Möbelträgertyp faltete seine Zeitung zusammen und schüttelte den Kopf. »Nee, also nee«, sagte er in die Richtung eines ihm gegenübersitzenden Buchhaltertyps, »det hältste nich aus, da schnallste ab. Und da wird immer behauptet, die Sachsen sind helle! Die Olle sieht doch, det der Platz frei is, und frägt mir schlankweg, ob er besetzt is. Ick meine, da musse sich doch uff ne passende Antwort jefaßt machen, isset nich so? Aber in Wirklichkeit, wer'k Ihnen ma sagen, in Wirklichkeit hatse janich wissen wolln, watse jefragt hat. Sie wollte nur überhaupt wat sagen, ein Jespräch wolltse anknüppern, damitse denn reden kann. Det hab ick nämlich in langjährige püschologische Studien an die Sachsen rausjefunden, det die dauernd reden müssen. Besonders in öffentliche Verkehrsmittel. Unsereener, also ein orntlicher Berliner, der setzt sich inne S-Bahn, liest seine Zeitung und hält die Klappe. Is man nich alleene, det vielleicht ein Kumpel mit bei is, sagt man ooch maln Wort, über Fußball oder Wetter oder dergleichen, jewissermaßen Informationsfluß. Aber doch leise, det man die andern nich störn tut. Die Sachsen dajejen müssen laut reden, damit jeder wat von hat, ooch wenn er nich will. Am liebsten redense ja über Krankheiten und Familiensachen. Ich kannte ma eene, det war ne Nichte von mein Schwager sein Bruder, der lag doch damals ins Krankenhaus, zuerst wejen Trombose, aber denn war et doch det andere, und zwar ins letzte Stadion. Da is die Nichte immer aus Zwickau anjeritten und hat den armen Hund ans Krankenlager so volljequatscht, det der schließlich janz leicht jestorben is, weil er einfach nischt mehr hören wollte. Mit die Olle mußt ick ma vier Stationen U-Bahn fahrn, ick sage Ihnen, danach wußt ick allet über ihre bucklije Verwandtschaft. Det ihr Mann ihr hat sitzenlassen wejen irjendsone betuchte Verkäufersche außen Intershop, und det ihr Vater in Kanada ne Ränsch betreibt und immer abjelegte Wollsachen schickt und lauter son langweilijen Mist, den unsereener keenen Menschen erzähln würde. Aber wenn manse denn ma leicht inne Parade fährt, also mit ein kurzes oder knappes Scherzwort andeutet, wat man vonse hält, sindse einjeschnappt. Die Berliner, sagense, sind grob und könn die Sachsen nich leiden. Die Berliner sind überhaupt nich grob, sondern gradezu, ebend Herz mit Schnauze, wie schon der Dichter singt. Und jejen die Sachsen hätten wir ooch nischt, wennse nich so ville reden wollten. Ick meine, wir Berliner sind ja ooch nich direkt ufft Maul jefallen, aber man muß ja nich wejen jeden Dreck ein unjeheuren Wind machen, stimmsts? Meine Fresse, schon Jannowitzbrücke! Jetzt hätt ick doch beinah wejen det dußlige Jequatsche von die sächsische Olle meine Station verpaßt!«

Während der Möbelträgertyp mit einem kühnen Satz aus dem Zug sprang, sagte ein junger Mann zu dem Buchhaltertyp: »Warum habense sich denn von der Quasselstrippe so vollsülzen lassen? Könnse nich reden?«

»Nu glor«, antwortete der Buchhaltertyp, »ich wollde mr bloß ni de Gusche verbränn'n.«

1976

Künstlerpech

Eigentlich führte Myriam Mellensee kein schlechtes Leben. Ihren interessanten, aber unglaublich miserabel bezahlten Beruf als Theaterrequisiteuse hatte sie aufgeben können, weil ihr von dem berühmten Kammersänger Norbert Mellensee ein lebenslängliches Engagement angetragen wurde. Seither pflegte sie sein exquisites Heim, gebar und erzog seine beiden Söhne, bewirtete seine Gäste, half ihm beim Rollenstudium, betete für ihn an den Premierenabenden und war seine allgegenwärtige Trösterin. Kein Mensch auf der Welt verbraucht mehr Trost als ein Künstler. Manchmal empfand Norbert Mellensee den Trost seiner Gattin Myriam schon als ein wenig müde. Er konnte sich das gar nicht erklären, denn schließlich war er es doch, der sich den Strapazen künstlerischer Arbeit aussetzte, während sie lediglich zu Hause herumwuselte. Da aber ein niedergeschlagener Kammersänger die Trostlosigkeit schlechthin darstellt, mußte er sich zwangsläufig woanders trösten lassen. Diese Eskapaden, die im allgemeinen ein paar Tage oder Wochen, nie aber länger als ein halbes Jahr dauerten, beeinträchtigten Mellensees Gefühle für seine Frau in keiner Weise. Nur Myriam, die altmodische Heulsuse, konnte sich einfach nicht damit abfinden. Anfangs gab es nicht selten Geschrei und Szenen im Hause Mellensee, die sich zunächst mit Hilfe von Beteuerungen, Schwüren und kostbaren Geschenken beilegen ließen. Als Myriam jedoch merkte, daß die von ihr jedesmal großzügig gewährte Verzeihung das Übel keineswegs aus der Welt schaffte, sann sie auf andere Abhilfe.

Die Tips ihrer Freundinnen bewegten sich meistens auf dem Niveau der Ratgeber-Seiten in den gängigen Illustrierten. Doch Norbert Mellensee ließ sich angesichts eines neuen Kleides oder einer neuen Frisur nur sehr kurzzeitig vom Pfad der Untugend abbringen. Die Korrumpierung seines Magens durch Bereitstellung seiner Lieblingsgerichte zeitigte zwar längeren, aber keineswegs dauerhaften Erfolg.

Die Gattin eines Ballettmeisters empfahl, den Ungetreuen mit den gleichen Waffen zu schlagen oder, da Myriam entsetzt und unter Hinweis auf ihre ungebrochene Liebe zu Mellensee abwehrte, ihn einfach nur eifersüchtig zu machen. Es kostete Myriam viel Überwindung, bis sie während einer Mitternachtsparty auf der Datsche eines vier Nationalpreise tragenden Dramatikers endlich zuschlug. Genauer gesagt, sie verschwand gegen Morgen mit dem Hausherrn im Weinkeller, den jener von innen abriegelte. Als sie Mellensee toben und mit den Fäusten gegen die Tür schlagen hörte, öffnete sie beglückt und gestand, daß ihr der Dichter lediglich den letzten Akt seines neuesten Stückes vorgelesen habe. Mellensee glaubte ihr kein Wort, drohte mit Scheidung, Hungerstreik und anschließendem Selbstmord. Myriam verbrachte qualvolle Tage voller Tränen und Selbstanklagen, bis ihr endlich, wenn auch unter Vorbehalt, verziehen wurde. Den nunmehr fälligen Trost fand Mellensee in den Armen der Dichtersgattin.

Der Mensch ist ein Gewohnheitstier, sagte sich die mittlerweile autogen trainierte Myriam. Aber die Autosuggestion funktionierte nicht. Als sie unter

Aufbietung der letzten Reste ihres Stolzes entschlossen war, den blaubärtigen Kammersänger wieder zum Solisten zu machen, traf sie die Frau des schlagersingenden Herzensbrechers Thomas Lackel. In der Gewißheit, von einer Leidensgefährtin moralische Unterstützung zu erhalten, sagte sie: »Sollten wir uns nicht zusammenschließen, um den beiden zu zeigen, was eine emanzipierte Harke ist?«
»Ich denke überhaupt nicht daran«, wehrte Eleonore Lackel entschieden ab, »mein Thomas ist nämlich seit mehr als einem Jahr ein wahrer Mustergatte.«
»Verrat mir den Trick«, flehte Myriam.
»Es handelt sich um keinen Trick, sondern um ein altes, verfallenes Bauernhaus. Wir haben es durch Zufall billig bekommen, und von diesem Augenblick an hatte Thomas nichts anderes mehr im Kopf, als es bewohnbar zu machen. Über die Motive will ich nicht nachdenken. Hast du übrigens eine Ahnung, was man für den Ausbau eines alten Gemäuers alles braucht? Holz, Steine, Zement, Kalk, Dachbinder, Dachziegel, Regenrinnen. Dann Dielenholz, Scheuerleisten, Türen, Fenster, Fliesen, Kacheln...«
»Um Gottes willen«, unterbrach Myriam, »und das soll Thomas alles zu kaufen kriegen?«
»Eben nicht«, jubelte Eleonore, »er rennt von Pontius zu Pilatus und ist der glücklichste Mensch von der Welt, wenn er irgendwo eine Kleinigkeit erwischt. Dafür verbraucht er soviel Zeit, Kraft und Geld, daß es für nichts anderes mehr reicht. Verstehst du mich? Das Haus frißt ihn auf, und ich bete zu Gott, daß sich an der allgemeinen Baustoffversorgungslage für den Bevölkerungsbedarf nichts ändert. Um die Zukunft meiner Ehe ist mir jedenfalls nicht mehr bange.«

Myriam Mellensee lebte auf. Sie vergaß die trüben Gedanken an ihre Rückkehr in die schlechtbezahlte

Theaterrequisite und studierte lieber die Immobilienannoncen. Und eines Tages fand sie in unmittelbarer Nähe eines mecklenburgischen Sees das erträumte Objekt. Freunde, die zur Besichtigung mitgekommen waren, warnten sie vor dem Kauf, denn das Haus sah oberflächlich betrachtet weit besser aus, als es instand war. Mit dieser Gewißheit erwarb Myriam es voll erwartungsvoller Freude und präsentierte es ihrem Mann zum Geburtstag.

Mellensee freute sich wie ein Kind. Er zog sofort einen Architekten zu Rate, ließ sich Baupläne und Einkaufslisten zusammenstellen und beschäftigte sich von nun an ausschließlich mit den Vorbereitungen für den großen Tag, an dem eine im Dorf ansässige Handwerkerbrigade mit dem Ausbau beginnen sollte. Myriam bot ihm großmütig ihre Hilfe an, aber er wies das Angebot weit von sich. Die Jagd auf Baumaterialien sei harte Männerarbeit, einer Frau schlechterdings nicht zumutbar. Myriam lächelte wissend und überaus glücklich.

Um so verblüffter, ja geradezu vom Donner gerührt war sie jedoch, als er wenige Wochen später froh wie ein Frischverliebter nach Hause kam, um seine Familie zur Einweihungsfeier in das soeben fertiggestellte Domizil am See abzuholen. Myriam fühlte ihre fast regenerierten psychischen Kräfte schwinden und meldete sich spontan zur Gruppentherapie bei ihrem Psychologen an. So ergab es sich wie von selbst, daß die bildhübsche Chefin der mecklenburgischen Baustoffversorgung bei der Einweihungsfeier alle Hausfrauenpflichten übernehmen mußte.

1978

Die Heilung einer Süchtigen

Es gibt Suchterscheinungen, die schwer erklärbare Motive haben und deshalb kaum zu heilen sind. Ich zum Beispiel bin handtaschensüchtig. Lederwarengeschäfte ziehen mich magisch an. Mit irrem Flakkern in den Augen stehe ich vor dem Schaufenster, und im Nu habe ich das eine hübsche Modell entdeckt, das mir noch fehlt. Nun ist es nicht so, daß ich Handtaschen sammle. Die Sammelsucht ist mir etwas völlig Wesensfremdes. Ich kaufe die Taschen lediglich, benutze sie, und schon nach kurzer Zeit verschenke ich sie an meine Freundinnen Ulla, Jutta und Monika. Auch Lucie und Tanja stöhnen schon unter der Last meiner tragbaren Geschenke.

Meine Familie geriet in schwere, unter anderem auch finanzielle Sorgen. Hausarzt, Ehe- und Familienberatung sowie ein namhafter Psychoanalytiker kapitulierten. Letzterer vermutete zwar, man müsse mir in meiner Kindheit einmal ein besonders hübsches Stullentäschchen vorenthalten haben, aber mein Unterbewußtsein konnte sich an dergleichen nicht erinnern. Ich war und blieb süchtig.

Bis zu jenem letzten Freitag, den ich aus dienstlichen Gründen in der kleinen Stadt W. verbrachte. Meine Arbeit war getan, ich hatte noch drei Stunden Zeit bis zur Heimreise, der Koffer befand sich bereits auf dem Bahnhof, und ich schlenderte, eine besonders elegante Ledertasche am Arm, durch die einzige

Geschäftsstraße von W. Fast automatisch verhielt ich den Schritt vor einem großen Lederwarengeschäft. Zwischen all den Koffern, Reiselords und Schulmappen leuchtete ein weißes Etwas, ein sogenanntes Schminkköfferchen, geräumig, rotseiden ausgeschlagen. Ich war hingerissen und kaufte sofort.

Die Verkäuferin sah begehrlichen Blicks auf meine braune Ledertasche. »Wo haben Sie dieses wunderschöne Stück her?« fragte sie.

»Aus Berlin«, sagte ich, »sie ist erst eine Woche alt.«

»Na ja, so was Feines kommt eben nur in die Hauptstadt«, brummte die Verkäuferin. Voll Dankbarkeit für meine weiße Neuerwerbung räumte ich alle Habseligkeiten um und schenkte ihr den nunmehr alten Plunder. In ihren Augen glitzerte es verwandtschaftlich.

Da ich noch immer Zeit hatte bis zur Abfahrt, ging ich in einen Friseur-Salon. Ich wurde schnell und gut bedient und beschloß, ein gutes Trinkgeld zu geben. Doch siehe da, mein weißes Köfferchen ließ sich nicht öffnen. Es hatte ein höchst eigenartiges Schnappschloß, dem ein kleiner Metallriegel als Schlüssel diente. Nur ließ sich eben dieser Schlüssel nicht mehr bewegen. Ich fummelte, drückte, brach mir zwei Nägel ab, aber das Schloß gab nicht nach.

»Wollen Sie nicht bezahlen?« fragte die Friseuse lauernd.

»Ich kann nicht«, sagte ich unglücklich.

»Geben Sie mal her.« Die Friseuse, leicht mißtrauisch geworden, nahm sich der Tasche an. Sie versuchte ihr Glück mit einer Haarnadel – vergeblich. Unter den surrenden Trockenhauben entstand Bewegung. »Lassen Sie mich mal«, rief eine Blondine. Aber auch sie opferte erfolglos einen Zeigefingernagel.

»Ich werde in das Geschäft gehen und die Verkäuferin um Hilfe bitten«, schlug ich vor.
»Und was wird mit unserem Geld?« fragte die Friseuse.
»Dann lassen Sie wenigstens Ihren Ausweis als Pfand hier.«
»Der ist doch auch in der Tasche«, wimmerte ich. Irgendwie griff ihr meine Not ans Herz, und sie ließ mich auf Treu und Glauben ziehen.

Als ich vor dem Lederwarengeschäft stand, wurden mir die Knie weich. Es war bis fünfzehn Uhr geschlossen, und jetzt hatten wir kurz vor zwei. Ich konnte weder weinen noch in ein nahe gelegenes Café gehen, weil alle erforderlichen Utensilien wie Taschentuch und Geld in dem weißen Gefängnis lagen. Um die Friseuse nicht noch mißtrauischer zu machen, ging ich zunächst zurück und erklärte den Tatbestand. Mitleidig ließ sie mich bis gegen drei auf einem Stuhl warten. Dann ging ich wieder zu dem Geschäft.

Die Verkäuferin tat so fremd, als hätte ich ihr nie ein wertvolles Geschenk gemacht. »Gerade diese Verschlüsse sind bei der Kundschaft sehr beliebt«, sagte sie kalt und öffnete ihn mit Hilfe einer Nagelschere. »Sie müssen natürlich nicht gewaltsam damit umgehen, dann geht es ganz leicht«, belehrte sie mich.

Glückstrahlend rannte ich mit der unverschlossenen Tasche zum Friseur-Salon zurück, bezahlte und verteilte an die Kundinnen, die sich so nett um mich bemüht hatten, Schokolade. Dann drückte ich den Verschluß mit einer geradezu liebevollen Geste zu und begab mich zum Bahnhof.

»Ihre Fahrkarte«, sagte der Knipser in der Wanne. Ich griff zum Köfferchen, drückte auf den Metallriegel – und brach fast zusammen. Nichts bewegte sich. Das weiße Monstrum ging nicht auf. Mein Marathonlauf zurück zum Lederwarengeschäft machte sämtliche Passanten aufmerksam. Vor dem Laden fühlte ich mich wie kurz vor einem Schlaganfall. Ein Pappschild verkündete: »Komme gleich wieder.«

Ich wartete zehn Minuten, zwanzig Minuten. Die Abfahrtzeit meines Zuges rückte immer näher. Krank vor Nervosität betrat ich eine Drogerie und verlangte eine Nagelschere. »Macht vier Mark zwanzig«, sagte die Verkäuferin.
»Moment«, sagte ich und wollte die Schere unter den Metallriegel klemmen. Die Verkäuferin riß mir das Instrument aus den Händen. »Erst bezahlen, dann verbiegen«, donnerte sie.
»Ich kann ja nicht«, schluchzte ich und erklärte ihr mein unverdientes Leid. »Na, das wollen wir doch erst mal sehen«, sagte sie gutmütig und nahm aus ihrer eigenen Handtasche eine Schere. Sie arbeitete vorsichtig, aber mit großer Kraftanstrengung, und plötzlich flog der Metallriegel in hohem Bogen weg. Die Verkäuferin, zwei ihrer Kolleginnen, acht Kunden und ich gingen in die Knie und suchten den Fußboden ab. Endlich fand ein kleiner Junge das kostbare Schlüsselchen in einem aufgeblasenen Schlauchboot, das er unerlaubt bestiegen hatte. Ich gab dem Kleinen eine Mark, kaufte die Nagelschere und entschuldigte mich tausendmal. In meiner Verwirrung legte ich die Nagelschere in das Köfferchen, verschloß es vorsichtig – und wußte im gleichen Moment, daß ich nun endgültig in der Falle saß.

Gebrochen und um Jahre gealtert, ging ich wieder zu dem Lederwarengeschäft. Die Verkäuferin war zurückgekommen, sah mich mit bösen Augen an und griff stumm zu Schere.

»Bitte, geben Sie mir meine alte Tasche zurück«, flehte ich, »ich schenke Ihnen dafür dieses hübsche Köfferchen.«
»Vielen Dank«, sagte sie eisig, »niemand aus der Branche würde eine Tasche mit einem solchen Verschluß nehmen, nicht mal geschenkt.« Weinend kaufte ich ihr einen einfachen Einkaufsbeutel ab, schüttete den Inhalt des weißen Köfferchens hinein und rannte zum Bahnhof.

Zu Hause angekommen, legte ich mich ins Bett und sprach kein einziges Wort mehr. Nach drei Tagen sagte der Hausarzt: »Die Krisis ist überstanden.«

Er hatte recht. War es auch der Medizin nicht gelungen, mich von meiner Handtaschensucht zu befreien, unsere ruhmreiche Taschenverschlußindustrie hatte es mühelos zuwege gebracht.

1970

Renate Holland-Moritz

Angeschmiert und eingewickelt

Darüber lachte man in der DDR während der
fünfziger und sechziger Jahre

154 Seiten · Mit 10 Illustrationen von Manfred Bofinger
cell. Pappband · 9,80 DM
ISBN 3-320-01914-7

Im Sommer 1956 schickte die Gerichtsreporterin Renate Holland-Moritz ihre erste literarische Arbeit an die Redaktion des „Eulenspiegel". Noch ehe das kleine Feuilleton „Ich habe ein Dutzendgesicht" erschienen war, erhielt die 21jährige von der führenden, weil einzigen DDR-Zeitschrift für Satire und Humor einen Exklusivvertrag über ständige Mitarbeit. Seither erfreut sich die Autorin humoristischer und satirischer Kurzgeschichten, Glossen, Reportagen und Filmkritiken („Kino-Eule") anhaltender Beliebtheit bei einer nach Millionen zählenden Leserschar. Dieses Buch enthält eine Auswahl der vorwiegend heiteren Seiten, die RHM dem Leben in der DDR abgewann, ohne je den kritischen Blick zu verlieren. Vor allem Schluderiane, die sich selbst die Arbeiterehre abschnitten, sowie Tonnenideologen und Spießer aller Couleur, die auf realsozialistischem Boden verblüffend gut gediehen, waren ihren satirischen Attacken ausgeliefert. Und das nicht nur im Rahmen des Erlaubten, sondern zuweilen auch im listigen Kampf gegen die – je nach politischer Großwetterlage – unterschiedlich strenge Zensur.

Dietz Verlag Berlin
Weydingerstraße 14 - 16 · 10178 Berlin

Renate Holland-Moritz

Der Trickbetrüger

Darüber lachte man in der DDR während
der siebziger und achtziger Jahre

172 Seiten · Mit 10 Illustrationen von Manfred Bofinger
cell. Pappband · 9,80 DM
ISBN 3-320-01929-5

Das DDR-Volk, von Mangel an Weltläufigkeit und hochwertigen Konsumgütern gezeichnet sowie von den allgegenwärtigen Stasi-Schergen gehetzt, hatte nichts zu lachen. Das behaupten vornehmlich solche Leute, die nicht dabei waren. Andere, denen ein Abonnement auf das vierzigjährige Ensuite-Spiel vergönnt war, tragen lieber zur Verklärung eines Sachverhaltes bei. Doch der Geschichte ist weder mit Ignoranz noch mit Nostalgie beizukommen. Eher schon mit Geschichten, die in jener Zeit geschrieben und gedruckt wurden.

Renate Holland-Moritz, seit 1956 ständige Mitarbeiterin der einzigen DDR-Zeitschrift für Satire und Humor „Eulenspiegel", fördert aus ihrem persönlichen Archiv authentische literarische Dokumente zutage.

Ihre Short Stories, Glossen und Feuilletons belegen, daß in der DDR zwar die große Politik und die sie ausübenden Politiker unter zensorischem Denkmalsschutz standen, nicht aber die hinlänglich ätzenden Querelen des Alltags.

Inwieweit die Autorin erlaubte Spielräume nicht nur nutzte, sondern gelegentlich auch überschritt, beweisen die Bände „Angeschmiert und eingewickelt" und „Der Trickbetrüger".

Dietz Verlag Berlin
Weydingerstraße 14 - 16 · 10178 Berlin